ルポ「8050問題」

高齢親子“ひきこもり死”の現場から

池上正樹
Ikegami Masaki

河出新書
014

はじめに

「8050問題《はちまるごーまる》」とは、80代の親が収入のない50代の子どもの生活を支え、行き詰ってしまっている世帯のことを指す。その背景には、長期高齢化しているひきこもり状態にある人たちとその家族の孤立がある。行政の支援が届かないまま、親が先に死んでしまい、そのまま子どもも死んでしまう事件や、親が先に死んでしまい、その現実を受け入れられない、あるいは、どうすることもできない子が親の死体を放置して逮捕されてしまう事件などが全国で相次いでいる。

親は収入がない子、ひきこもり状態の子の存在を恥ずかしい、世間に知られたくないと思い、社会に迷惑をかけてはいけないからとその存在を隠し、うまくいっている家を演じる。一方、隠される子は、親から隠される存在であることを感じて、自分で自分が重荷になり、ますます動けなくなる。問題がないように見えても、家族全体が孤立しているのが実態だ。

「ひきこもり」という言葉が社会に登場してから、30年余り。

筆者は、20年以上にわたって、数百人を超える「ひきこもり」している人たちと、直接やりとりし、対話を重ねてきた。この間、姿の見えなかった本人や、その家族の声を通じて、「ひきこもり」とは、どういう状態であるのか、本人たちはどうして社会から離れ、ひきこもるという選択肢を選ばざるを得なかったのか。そして、そんな社会に生きる私たちは、何を問われているのか――といった様々な疑問に接して、筆者は事実やエビデンスに基づく客観的な立場から、あらゆるメディアや講演会などで情報を発信してきた。

今、こうして振り返ってみれば、「ひきこもり」という言葉が社会でほとんど知られていなかった頃から、筆者は「大人のひきこもり」という存在に着目し、置き去りにされてきた当人たちの声なき声に耳を傾け、触媒的な役割も務めつつ、本人たちの思いを代弁してきた。

週刊ダイヤモンドのWEB版『ダイヤモンド・オンライン』では、リーマン・ショックに見舞われていた10年前の2009年から「大人のひきこもり」をテーマにした連載をスタート。読者用に設けたメールアドレスを通じて、毎日、ひきこもる本人や家族から悩みなどの相談が寄せられるなど、ぶつける先のない声や思いの受け皿のようになっていた。

また、7年前の2012年から、仲間たちとボランティアで始めた対話の場「ひきこもりフューチャーセッション庵-IORI-」（以下、IORI）は、当時、支援する側とされる側の上下関係しかなかった「ひきこもり界」に、対話という新たな価値観を持ち込み、IORIに参加した当事者たちが同じ経験者たちと出会って、「自ら社会に発信してもいいんだ」という多様な流れを生み出した。微力ながら、「ひきこもり」に対する社会や行政のあり方を変化させる、きっかけのひとつになってきたのではないかと自負している。

しかし、大きな意味で社会や行政が変化したかと問われれば、答えは「ＮＯ」と言わざるを得ない。「ひきこもりが高齢化する」という問題自体、実はすでに10年以上前から、筆者や当事者の本人・家族、現場を知る一部の学識者によって、様々な場面で訴えられてきたはずだった。にもかかわらず、結局のところ、本質的な支援策はほとんど構築されることなく、深刻な事例ほど数多くの本人や家族が支援から取りこぼされ、生きていくことが許されず、奪われなくてもいい命が奪われてきた。しかも、命が失われてもなお、何も変わっていかない。こんな社会に、私たちは生きている。こうして取りこぼされてきた結果が最近、「８０５０問題」という言葉で社会に顕在化してきたのだ。

川崎市の通り魔殺傷事件や練馬の元事務次官の事件がきっかけとなり、この「８０５０問題」は、いい意味でも悪い意味でも、世間の関心と注目を集めている。

筆者は、数えきれないほど多くのひきこもり状態にある人たちや家族とともに、取材という垣根を飛び越えて、分かち合うことを大切にしながら、本当のこと、言えなかったことなどを1つ1つ言葉にしていく作業を重ねてきた。「8050問題」の背景にあるのは、「迷惑をかけてはいけない」から「働かない子を隠さなければいけない」という、親世代を中心にした岩盤のような〝恥の文化〟だ。そんな「8050問題」に悩む当事者やその家族たちの思いを広く社会に知ってもらい、世間の「中高年ひきこもり」像への一面的な見方に対する偏見や誤解を解いて、今も孤立する本人や家族たちの利益になることが本来の目的となるよう、机上ではなく現実に即した「ひきこもり支援」の枠組みを再構築してもらうために、本書を書こうと決意した。

この本のメッセージが少しでも、まだ見ぬ多くの当事者やその家族たちの元に届き、心の拠りどころになってくれれば、何よりも幸せである。

2019年9月　池上正樹

目次

第6章　生きているだけでいい居場所をつくる　187

第1章

「8050問題」の背景

82歳母親と52歳娘が飢えと寒さで死亡

２０１８年は、「８０５０問題」元年とも言える衝撃的な事件とともに幕を開けた。この年の1月、北海道札幌市のアパートの一室で、82歳の母親とひきこもる52歳娘の親子の遺体が発見されたのだ。

同年3月5日付の北海道新聞によると、死因は2人とも「低栄養状態による低体温症」で、1月6日、検針に来たガス業者が異変に気づき、アパートの住民が室内に入ったという。2人は、それぞれ飢えと寒さによる衰弱のため、２０１７年の12月末までに亡くなったと見られている。娘は、長年ひきこもり状態にあったという。

同紙の記事によれば、母親が亡くなったとされる時期は「２０１７年12月中旬」で、娘は通報することなく母の遺体と同居。後を追うように同年の「年末」に息を引き取った。冷蔵庫は「空」だったが、室内には「現金9万円が残されていた」という。

母親が、このアパートに入居した１９９０年当時、すでに世帯の「収入は年金だけ」の生活で、「生活保護や福祉サービスは受けていなかった」。娘は、学校を卒業してから就職したものの、「人間関係に悩んで退職し、ひきこもり状態」になったという。いわば、就労経験者という、典型的な「中高年ひきこもり」者の背景だ。

「障害者手帳や病院（の診察券）などは、見つかっていない」という。ひきこもる人の多くは、「障害があるわけではない」などと診断を受けたがらず、その親も「うちの子は障害者ではない」などと否定したり隠したりする傾向がある。こうした障害認定を受けていないために、支援の制度に乗ることができない問題もある。

この事例でいえば、世帯には年金収入があり、高齢の親も一人暮らしではなく「働き盛りの世代の子」と同居もしていた。対応する法律や制度がなく、熱意のある担当者でない限り、「生活上、問題がない」とみなされても不思議ではない。まさに、制度のはざまの中で、家族全体が孤立し、親子共倒れによる死に至ったのかもしれない。

「親子は近所づきあいを避け、周囲に悩みを漏らすこともなかった」

母親と交流のあった女性が、数年前から生活保護を申請するようアドバイスを続けたものの、母親は「他人に頼りたくない」からと頑なに拒んだ。その結果、母親が先に亡くなり、娘もそのまま、誰かに助けを求めることも、外に出て食料を買うこともなく、亡くなった――。

――なぜ、母娘は周囲に「助けて」と声をあげることができなかったのか？

――なぜ、誰も母娘が最悪の状態で発見されるまで、手を差し伸べることができなかったのか？

「ひきこもり状態」の40歳〜64歳が推計61万人

今、全国で、この札幌の親子と同じように、親子共倒れの悲劇に追い込まれるケースが多発している。

前述したように、「８０５０問題」というのは、80代の親が収入のない50代の子の生活を支えて煮詰まりながら、それでもなお助けを求めようともせずに、地域でつながりがなく孤立している世帯のことを指す。

70代の親が40代の子どもを支えている「７０４０《ななまるよんまる》世帯」も、「８０５０問題」に限りなく近づいていると言えるし、90代の親が60代の子どもを支えている「９０６０《きゅうまるろくまる》世帯」も最近は顕在化してきている。

また、「８０５０問題」の世帯は、親子だけに限らない。様々な事情があって、叔父や叔母が同居している相談事例も増えてきているし、兄弟姉妹が「８０５０」の当事者に含まれることもある。

当該家族が置かれた状況や背景は様々だが、いずれにせよ、長期高齢化したひきこもり状態の子の生活を高齢の家族が支えている本質的なメカニズムは変わらない。

周囲から見ると、現状を切り取れば、主に経済的観点から生活に問題がないと判断されやすく、支援の対象にはなりにくい。ところが、見落とされがちなのは、将来の予防的な観点だ。

今は生活に問題がないように見えても、生活を支えてきた高齢の家族に万一のことがあったとき、たちまち生活は困窮しかねない。たとえ、お金が残されていたとしても、本人に生きる希望や意欲がなければ、生きるために動き出そうというエネルギーもわかなくなる。まさに、緩やかな死へと向かう、ひきこもらされた人たちの気持ちが見て取れる。

親が亡くなっても、残された子は通報することなく葬式も挙げず、親の遺体と同居を続け、後に死体遺棄容疑で逮捕される事例も、最近続発しているのだ。

こうした現実を裏づけるかのように、2019年3月29日、内閣府が中高年ひきこもり実態調査で、衝撃的な数字を公表した。40歳以上のひきこもり状態の人が全国にどのくらい存在しているのかを推計した、国による初めてのエビデンスである。

内閣府によれば、40歳~64歳の「ひきこもり中高年者」の推計は約61万3000人にものぼる。調査対象は、満40歳から満64歳になる5000人とその人たちと同居する5000人で、「ふだんは家にいるが、自分の趣味に関する用事のときだけ外出する」（0・58％）、「ふだんは家にいるが、近所のコンビニなどには出かける」（0・65％）、「自室からは出るが、家からは出ない又は自室からほとんど出ない」（0・22％）などが半年以上続く広義のひきこもり群の出現率が、1・45％だという結果が発表された。満40歳〜満64歳の全人口が4235万人だから、1・45％で推計61万3000人になるという計算法だ。

2016年に内閣府が公表した、満15歳〜満39歳のひきこもり状態の人の推計が54万人（「若者の生活に関する調査報告書」）だから、タイムラグを無視して単純に比較すれば、若年層のひきこもり人数よりも、中高年ひきこもり層のほうが多いということになる。

きっかけは「退職」がトップ

比較分析すると、39歳までの調査では、ひきこもるきっかけとなった理由としては「不登校」と「職場になじめなかった」がトップだったのに比べ、40歳以上の場合は「退職したこと」がもっとも多く、次に「人間関係がうまくいかなかった」「病気」「職場になじめなかった」などと、雇用環境の問題が要因になっていることがわかる。

また、これまで「ひきこもりは存在しない」ことにされてきた専業主婦や家事手伝いなどの女性の中にも、一定数、存在していることが明らかになった。

ひきこもり状態になった年齢も、「40歳以上になってから」が約57％と半数以上を占め、60歳〜64歳も17％に上るなど、全年齢層に大きな偏りなく分布している。つまり、どの年代からでも、どの年齢になっても、誰もがひきこもり状態になる可能性があることを示している。

共同通信によると、根本匠《ねもとたくみ》厚生労働相（当時）は2019年3月29日の記者会見で、内閣府の調査結果について「大人のひきこもりは新しい社会的問題だ。さまざまな検討、分析を加えて適切に対応していくべき課題だ」との見解を示したという。

さらに根本厚労相は4月2日の会見でも、こうした「中高年ひきこもり」者が直面している課題に対し、「一人ひとりが尊重される社会の実現が重要。『8050世帯』も含め、対応していく」などと、これからの政府としての方針を示し、国の「ひきこもり支援」のあり方が新たなフェーズに入ったことを印象づけた。

また、内閣府の北風幸一《きたかぜこういち》参事官も、実態調査報告の際の会見で「ひきこもりといえば、我々の中では、『自室にひきこもってひざを抱えている若者』というイメージが強かった。

『ひきこもり』に『若者』という言葉が付随し、そのイメージに引きずられていた。けれども、どの世代でも、どの世代からでもひきこもりはあり得ることが、客観的な指標で明らかになった」などと話している。

新しい問題ではない

たしかに根本大臣が指摘するように、ひきこもる本人と家族が長期高齢化している現実を、国や社会が「新しく認識した」と言われれば、その通りであろう。これまで「大人のひきこもり」という観点から実態を調べた国のエビデンスは存在しなかったわけだし、長い闘いの歴史を経て、当事者の権利を勝ち取ってきた精神疾患や障害などの世界と比べても、「ひきこもり」という状態自体、まだ歴史の新しい概念だ。

しかし、冒頭でも少し述べたように、40歳以上の「大人のひきこもり」が新しい社会問題なのかと言われれば、決してそんなことはない。ひきこもる人たちの中核層が長期高齢化している実態については、多くのひきこもる当事者や家族、現場を知る専門家たちが、ずっと以前から指摘し続けてきていたことだし、各地の自治体の調査結果でも、すでに明らかになっていたことだった。

にもかかわらず、40歳以上のひきこもり当事者やその家族の相談の声は、制度のはざまに取り残されたまま、長年放置されてきた。こうして内閣府が実態調査に漕《こ》ぎ着けるまでに、何年もの時間がかかったのである。

それは、いったいなぜなのだろうか。

「ひきこもり」＝「若者特有の心理」ではない

そもそも「ひきこもり」という言葉が旧厚生省の資料で確認できるようになったのは、まだ30年ほど前のことであり、社会に広く知られるようになったのは、わずか20年ほど前の2000年頃のことだ。

しかも、それは不幸な形で広まることになった。当時、17歳の少年が起こした佐賀バスジャック事件[*1]と、新潟の少女監禁事件[*2]の犯人が、どちらもひきこもり状態にあった人物だったため、世間では「ひきこもり」という存在が、事件と結びつけられるネガティブなイメージとともにクローズアップされることになったのだ。この2つの衝撃的な事件がきっかけとなったことにより、ひきこもりという状態は、メディアを通じて「犯罪者予備軍」のように捉えられ、「社会更生」の対象として考えられるようになってしまった。ひきこもりの人を「社会復帰させよう」「更生させよう」という支援の風潮も、ここから始まったといえるだろう。
それから長い間、ひきこもりは不登校の延長のような捉え方をされるようになり、「親のしつけ」や「甘え」「若者特有の心理」を発端とする問題だと言われてきた。

「社会構造の歪み」が原因

だが、筆者はこれまで、数多くのひきこもる当事者たちの声を聞くにつれ、ひきこもりという行為は、個人や家族に要因や責任があるのではなく、「社会構造の歪《ゆが》み」が生み出

＊1　2000年5月に起きたバスジャック事件。17歳の少年が、佐賀から出発した福岡行きの西鉄高速バスを襲った。乗客22人のうち、3人が牛刀で刺され、そのうち1人が死亡、2人は重傷となった。少年にはその後、医療少年院送致の保護処分が下り、2006年に少年院を退院した。
＊2　1990年11月に新潟県三条《さんじょう》市で行方不明になっていた当時9歳だった女児が、2000年1月、新潟県柏崎《かしわざき》市にある男の家で発見された事件。9年2カ月の間、男と母親の住む自宅の2階に監禁されていた。男は逮捕監禁致傷の罪などで懲役14年の刑に処された。

している問題だと考えるようになった。

一度レールから外れると、なかなか元には戻れず、何をするにしても、入口に立ちはだかるのは、履歴書の経歴という障壁だ。雇用環境も大きく変化し、コスト競争などが激しくなって、非正規や派遣の数も増大。サービス残業などの超過勤務も強いられる。そのうえ、日本には「自己責任」という考え方が根づいていて、「社会に迷惑をかけてはいけない」「他人に迷惑をかけてまで生きていてはいけない」といった自己を犠牲にすることが美徳とされるような社会的風潮や価値観が蔓延《まんえん》している――。

そんな個人の尊重されない歪んだ社会で働いたり、生活の軸を置いたりしてしまえば、自分自身が壊れてしまう。そうした危機感から、自分を守るための防衛反応として、ひきこもらざるを得ない選択をさせられている人が実に多いのだ。

もちろん、精神的な疾患や障害を抱え、ひきこもらざるを得ない人たちもいる。しかし、そうした疾患や障害が隠れていることに、本人も気づかず、周囲も理解することなく、同じような就労を求めることもある。

また、そうした疾患や障害がなくても、右肩上がりの高度経済成長期はとっくに終わり、先行きの見えないブラックな雇用環境の中で皆がノルマに追われ、セクハラやパワハラといったハラスメントが横行する——そんな社会的なストレスから回避を繰り返してきた結果、命や尊厳を守るために、誰もが自宅に居場所を求めざるを得なくなっているのだ。

つまり、「ひきこもり」とは、決して「若者特有の問題」ではなく、「大人」というよりも「中高年」世代になってからでも、退職やリストラ、職場の人間関係などがきっかけとなり、ひきこもり状態に陥ってしまう可能性は誰にでもあるといえる。

「ひきこもり」という言葉が世間に浸透していった当時からそんな現状があったにもかかわらず、行政が「ひきこもり支援」として設定した対象は「15歳〜39歳」という年齢で線引きされてきた。あるいは、個々の疾患や障害の問題ということにされてきた。

ところが実態は、障害認定を受けていない当事者たちは数多くいる。そんな人たちは、制度のはざまに取り残されて、なんの支援にもつながることができなかった。その結果として、ますます孤立し、ひきこもりが長期化したのである。

42歳から10年以上ひきこもり状態に

筆者の元には、そういった支援のはざまに取り残されて孤立してしまった当事者や家族たちから、ＳＯＳの声が数多く寄せられる。

北海道に住む田辺《たなべ》さんご夫婦もそのうちの一例だ。

田辺和義《かずよし》さん（仮名）は現在85歳、妻の文子《あやこ》さん（仮名）は3つ下の82歳で、息子の紀《のり》行《ゆき》さんは55歳。まさに「８０５０問題」ドンピシャの世代だ。

１９６４年生まれの紀行さんは、２００６年の42歳の頃から、10年以上ひきこもり状態にある。

両親は、北海道に2人で暮らしているが、紀行さんは働いていた頃に購入した東京のマンションに１人で暮らしている。そのため、両親が北海道からたびたび上京をして、紀行さんの状態を見守っている。

紀行さんは、北海道で生まれ育ち、地元の進学高校を卒業。学校生活では特段目立った問題を起こしたことはなく、平穏に過ごしていたようだ。

地元の進学高校を卒業した後は上京し、有名私立大学に入学。一人暮らしをしながら、4年で卒業した。就職先は誰もが名前を耳にしたことがある有名な金融機関だった。

就職をしてからもしばらくは順風満帆というか、勤務態度もまじめで、とくに問題なく働いていた。

しかし、40歳にさしかかる一歩手前の39歳頃から、ときどき仕事を休むようになる。とくに月曜日になると、身体が動かなくなり、休むことが多かった。それでも、何とか出勤を続けるものの、40歳の頃には、連続して2週間程度、欠勤することもあった。2週間の休みの後は通常通りの仕事を再開していたようだが、それでもたびたび休むことはあった。

当時の紀行さんの仕事は、文字通りの超過勤務。朝早くから深夜まで仕事に追われ、残業することもしばしばだった。真面目で几帳面《きちょうめん》な紀行さんは、メインの仕事以外の雑務を頼まれても断ることができず、残業時間は日に日に増えていた。また、ノルマの数字などもきつく、精神的に追い込まれていたはずだ。

「頼まれると断れない」から終わるまで仕事を続けてしまう。「困っていても助けを求められない」から1人で抱え込んでしまう――この特性は、まさに「ひきこもり」状態になる人に共通する傾向でもある。

41歳のとき、相変わらず欠勤が多かった紀行さんは、上司の勧めもあって、精神科を受診。「うつ病」と診断され、ひとまず休職することになった。

マンションのローンと生活費は両親が負担

こうして休職をしたものの、紀行さんは1人で暮らしていたマンションで、ほとんど寝たきりの状態になってしまい、身の回りのこともできなくなってしまっていた。

そこで、和義さんは文子さんとともに上京。紀行さんの生活の面倒を見たり、会社はどうするのかと話し合ったりもした。ただ、紀行さん自身、当時は何かを話し合えるような状態ではなく、「とにかく、会社にはもう行くことができない」と訴えた。

休職期間中ではあったが、結局、紀行さんの強い希望によって、会社を退職することになった。

退職後も、数カ月程度は、母親の文子さんがマンションに滞在して身の回りの世話をしていたものの、その後は北海道に帰ることになった。

紀行さんはその後、マンションのローンの残りと生活費を両親が払いながら、ほぼひきこもり状態のまま、一人暮らしを続けている。

40歳以上は対応してもらえない

現在は両親も健在のため、どうにか経済的に支えることができているが、2人とも80を超え、体力的にも金銭的にも限界がきているという。

そこで、和義さんは、紀行さんがひきこもり状態になってから何年後かに上京した際、紀行さんの住む東京の、とある区役所に相談に訪れた。

「私どもが亡くなった後、紀行がどうやって暮らしていけばいいのか不安で仕方ありません。マンションのローンは残り少ないのでどうにか払うことができるかもしれませんが、生活費や身の回りのことなどを相談したくて、区役所に行きました」

こうしてせっかく和義さんが相談に行ったのに、窓口の担当者から「39歳以下でなければ対応できない」と断られたという。

「39歳以下でなければ対応できない、と。生活保護についても、今は私どもが支えられていて、自分名義のマンションにも住んでいるんだから、無理だと……。はっきりとは言われていませんが、現状ではどうすることもできないと、そういうことでした」

和義さんは、役所の対応に、途方に暮れてしまった。

「紀行は今、ちょっと買い物に行くことならできる。家も汚いですけど、身の回りのこともできてはいます。ただ、私どもが死んで収入がなくなったらどうするのか……。マンションのローンをたとえ払い終わっても、固定資産税とかそういうものは払えないでしょうし……。この先どうしようと不安になって、時間ばかりが過ぎていくような気がします」

和義さんは、定期的に紀行さんと連絡をとり、1年に何度かは上京しつつ、見守りを続けている状態だ。

グレーゾーン層を無視した結果

紀行さんは、現在は住む場所があり、経済的な援助ができる家族もいる。さらに障害者でも、高齢者でもない。だからこれまで、支援につながることができなかった。「制度のはざま」に取り残されてしまう人たちの典型的なパターンといえる。

現在は、両親がやっとの思いで支えることができているが、もしも両親が亡くなってしまえば、紀行さんは命の危機に瀕《ひん》してしまう可能性も高い。

紀行さんは完全なひきこもり状態ではなく、買い物などに行くこともできるのだが、友人や近所の人との付き合いは皆無で、たまに上京してくる両親としか関わりがない。経済的のみならず、つながり（関係性）の貧困にも陥っている状態だ。

「8050問題」は、まさに紀行さんのようなグレーゾーンにいる人々を、行政や社会が見て見ぬふりをしてきたことによって、当事者たちにとっても、社会にとっても大きな課題に発展してしまったといえるだろう。

最近は「8050問題」というワードが注目されてきたことによって、行政も新しい動きを見せつつある。しかし、社会全体でひきこもる人々に対する意識は変わったとは言えない。

むしろ「８０５０問題」という言葉が独り歩きしてしまったことによって、そのイメージは悪化してしまったとも言えるだろう。次章ではそのことについて詳しく説明をする。

第2章

歪められた「8050問題」

２つの事件が起こした波紋

「８０５０問題」――この言葉のネーミングはともあれ、この言葉が意味する本質的な構造や背景については、ひきこもる本人と家族、そうした現場で向き合ってきた関係者たちにとって、何ら目新しいものではない。

80代の親が、収入のない50代の子の生活を年金収入などで面倒を見ながら地域で孤立する世帯を見て、「８０５０問題」とネーミングしたのは、大阪府豊中《とよなか》市社会福祉協議会で、長年「１人も取りこぼさない社会」をめざして、制度のはざまに向き合う地域づくりを進めてきた、コミュニティソーシャルワーカー（以下、ＣＳＷ）の勝部《かつべ》麗子《れいこ》さんだ。本人いわく、80歳になっても20本の歯を維持しようという「８０２０《はちまるにーまる》運動」からヒントを得たという。まさに、「８０５０問題」は、福祉の現場から生まれた言葉だったのだ。

しかし、「８０５０問題」はつい最近まで、一般の社会の中では、あまり見聞きする言葉ではなかった。ひきこもりという事象に何らかの形で関係していない限り、見たことも聞いたこともないという人がほとんどだったのではないか。

男が児童を襲った川崎通り魔殺傷事件

不幸な形で広まる契機になったのは、2019年5月末に起こった、川崎の通り魔殺傷事件だった。事件後、「8050問題」という単語が、何度も何度も繰り返し、テレビやラジオ、WEBなどのニュースで流れることとなった。筆者もあらゆる媒体で「8050問題」についてのコメントを求められた。

いったい、何が起こったのか。周知の事実ではあると思うが、ここで今一度、事件の概要を説明したい。

2019年5月28日、神奈川県川崎市多摩区にあるバス停付近の路上で、区内のカリタス小学校へ通学する途中の児童18人と保護者2人、合わせて20人が、刃物を持った男に突然刺された。女子児童1人と別の児童の保護者である男性1人が死亡。そのほか児童17人が重軽傷、保護者1人が重傷となった。男は、犯行直後に自分の首を刺し、その後、病院で死亡が確認された。

犯行を行った男は、川崎市に住む、当時51歳の容疑者だった。容疑者は、両手に刃物を持ち、スクールバスの列に並ぶ児童らを背後から次々と襲った。1分にも満たない犯行時間だったというが、被害者の大半は低学年の児童だったため、瞬時に逃げることも難しかったと思われる。許せない犯罪である。

世間の敵意が「ひきこもり」に

この幼い子どもたちの命が犠牲になった痛ましい事件は、世間を震撼《しんかん》させた。だが、容疑者はすでに死亡しており、事件発生当時から今まで、その詳しい動機などはわかっていない。

しかし、翌29日、川崎市が行った会見によって、このような事件が起こるに至った真相は、まったく違う文脈でメディアに拡散されることになる。

川崎市の精神保健福祉センターは、容疑者は長い間就労もせず、外出もほとんどしない生活を送っており、少なくとも10年以上は「ひきこもり傾向」だったと、会見で発表したのだ。容疑者は80代の伯父と伯母と3人で暮らしていたが、ほとんど会話もしない生活が続いていた。この3人の関係に、特別な問題があったわけではなかったが、80代の伯父と伯母、50代の収入のない甥の同居する「8050世帯」だったのである。

さらに市は、「容疑者が伯父や伯母からお小遣いをもらっていた」ことなども発表した。伯父と伯母は、自宅に訪問介護サービスの職員などが入った際のトラブルなどを心配し、市に相談。相談は、2017年11月から2019年の1月までの間に、計14回にも及んだ。2018年6月から訪問介護のサービスが開始され、自宅に訪問介護の職員が入るようになったものの、そのこと自体で、とくに容疑者との間に大きなトラブルが起こることはなかった。

その後、伯父と伯母は精神保健福祉センターのアドバイスに従って、自立を促すような手紙を2019年1月に2回、容疑者に渡した。詳細な内容は公表されていないが、容疑者は、手紙を渡された数日後に「自立しているじゃないか」「食事や洗濯、買い物を自分でやっているのに、ひきこもりとはなんだ」「好きで、この暮らしを選んでいる」といったような趣旨の反論をしたという。

川崎市がこのように「容疑者が長年就労せず、ひきこもり傾向にあった」という趣旨の会見をした直後から、筆者の元にはメディアから、「容疑者がひきこもりだった」ことに対するコメントを求める問い合わせが殺到した。

もちろん、会見直後の時点では何の情報もなく、容疑者の事情も背景もよくわからなかったことから、一般的な見解として「ひきこもりとは、社会で傷つけられて安全な居場所である家などに待避している状態であり、理由もなく外に出て行って事件を起こすことは考えにくい」という話を繰り返すしかなかった。

しかし、市が会見した直後から、ネット上には「ひきこもりが起こした凶悪事件」という見出しのニュースが流れ、テレビや新聞なども同様に取り上げたことから、世間の敵意は「この容疑者がなぜ犯罪を起こしたのか」を考えることではなく、「ひきこもり」に向けられていった。

この川崎の事件報道によって、拭いがたいスティグマを貼りつけられてしまった結果、ひきこもり界は、恐怖や不安感のイメージが植え込まれ、その後の練馬の元事務次官事件などのきっかけにつながった。

「行政に頼んでも当てにならない」「だから、自分たちに任せなさい」という暴力的支援業者も、親の不安な心理につけ込んで営業活動を活発化させるなどして台頭し、今でも余波が続いている。

メディアやＳＮＳでは、「死ぬならひとりで死ね」「不良品」「モンスター予備軍」「無敵の人」などと無神経な発言が流布されていった。本当のモンスターは、公共の電波を使って、憎しみを振りまいた人たちだったのではないか。本当にモンスター化したのは、いったいどっちだったのか。

いずれにしても、こうして世間の敵意が〝ひきこもり〟に向けられたことによって、現場の教訓としておろしていかなければいけない真実が、うやむやになってしまったのである。

メディアに捏造された「犯罪者予備軍」のイメージ

この状況に傷つけられ、危機感を覚えた当事者団体は、いち早く5月31日に声明文を出した。声を上げたのは、「ひきこもりUX女子会」などを主宰する、不登校やひきこもり、発達障害、セクシュアルマイノリティーの当事者・経験者によって立ち上げられた一般社団法人「ひきこもりUX会議」（以下、UX会議）だ。

UX会議は声明文の中で、「『ひきこもるような人間だから事件を起こした』とも受け取れるような報道は、無関係のひきこもり当事者を深く傷つけ、誤解と偏見を助長する」として、報道に対する強い憤りを表明。これまでも、メディアではひきこもりと犯罪が結びつけられ「犯罪者予備軍」のような負のイメージが繰り返し生産されてきたことを指摘したうえで、これ以上、社会の中で「ひきこもり」へのイメージが歪められ続ければ、当事者や家族は、社会とつながることに対して、不安や絶望の気持ちを深めてしまう、と訴えた。

さらに、筆者が理事として所属する、ひきこもり家族会唯一の全国組織、NPO法人「KHJ全国ひきこもり家族会連合会」（以下、KHJ家族会）も、両共同代表名で声明文を発表。「大事なのは、同じ苦しみを抱えた仲間たちのいる家族会で分かち合いをしたり、本人が受け入れられる居場所とつながることだ」としたうえで、事件は「社会の中で属する場もなく、理解者もなく、追い詰められ、社会から孤立した結果、引き起こされた」のであり、このような悲劇を繰り返さないためにも、「今後、社会全体で、なぜこのような事件が起きたのかを考えていく必要がある」と呼びかけた。

このように、当事者会や家族会、支援者、専門家など、ステークホルダーのすべてが「ひきこもりは犯罪者予備軍や困った人ではない」と、異議を唱えた。それは、職場や学校などの社会で傷つけられ、自分の命や価値観を守るために、家などの安心できる居場所に、迷惑をかけないようひきこもっている人たちが、理由もなく無関係な人に犯罪を起こすことは考えにくいからである。

ひきこもる人たちというのは、困った人たちなのではなく、困りごとを抱えた人たちなのだ。そうした声明などを通じて、20年前の佐賀バスジャック事件直後のときと比べると、報道自体は少しトーンダウンしたように思える。

事件に刺激された父親が息子を刺殺

筆者の元にも、ひきこもる当事者の母親から「昨夜、事件報道を見た父親が、息子に〝おまえを殺して俺も死ぬ〟などと責めて、取っ組み合いのケンカになった」といった悲鳴のようなダイレクトメールが届いた。

そして、予感は、新たな悲劇の引き金となった。

川崎通り魔殺傷事件から4日後、事件の報道を目の当たりにして、実際に、76歳で農林水産省の元事務次官だった父親が44歳の長男を自宅で殺害してしまったのだ。

事件が起きたのは、6月1日の午後3時半頃。父親が、東京都練馬区の自宅で、長男の胸を包丁で刺し殺害した。

元事務次官によれば、殺害当日は近隣の小学校で運動会が開催されていて、長男は「運動会の音がうるさい。ぶっ殺すぞ」などと発言し、注意した容疑者と口論になっている。そのとき、父親の頭には、川崎通り魔殺傷事件の報道がよぎったという。

そして、元事務次官は「長男が児童に危害を加えるのではと心配になった」と、口論の数時間後に犯行に及んでいる。

元事務次官は、長男がひきこもりがちで、中学2年生頃から家庭内で暴力をふるっていて、「身の危険を感じていた」と供述。「殺すしかない」と書かれたメモも自宅から見つかっていた。

「犯行の4日前に起きた川崎通り魔殺傷事件の報道を見て、息子も同じような事件を起こすのではないかと考えた」とも話していたという。

まさに、川崎市の会見で引き起こされた社会不安と、それに乗っかって拡散していったメディアが、練馬の事件の引き金になったとみていい。

自立促す手紙をビリビリに

川崎の事件でいえば、市の精神保健福祉センターのアドバイスによって行われた手紙でのコミュニケーションが、事件を引き起こす何らかのきっかけになったとみられる。ちなみに、同福祉センターは、川崎市の「ひきこもり地域支援センター」の相談窓口でもあった。

6月28日付の朝日新聞は、同居する親族が自立を促す手紙を2度にわたって渡したものの、ビリビリに破かれた状態で発見されたとスクープした。この報道は、川崎市が会見でも明らかにしなかった事実だ。

自立を促す手紙に対して、容疑者は「食事や洗濯、買い物を自分でやっているのに、ひきこもりとはなんだ」と反論したという。容疑者が死亡した今、憶測の範囲にしかすぎないが、おそらく容疑者は、自分の生活領域に外部が侵入してくることに、脅威や恐怖心をもっていたのではないだろうか。生活はできていて、とくに問題はないと本人は思っているのに、自分が大事にしているプライベートゾーンに外部のものが侵入してくる。そして「外に連れ出されるのではないか」「就労させられるのではないか」という自分の命を脅かされるような危険性を感じたのではないか。

かろうじて、安心できる場として家にひきこもっているのにもかかわらず、いきなり自立を促されれば、そう感じてしまっても仕方がない。また、「自立」や「ひきこもり」というワードが手紙に入っていたのだとすれば、〝ひきこもり〟という言葉のネガティブなイメージから、これまでの自分を否定されたと受け止めたのかもしれない。

川崎市精神保健福祉センターは手紙の内容までは把握していないというが、もし本人に手紙を出すのであれば、自立させたがっている価値観の家族が多いことを考えると、手紙の内容をアドバイスするくらいのほうが良かったかもしれない。そして、手紙という手段をとるのであれば、いきなり自立を促すのではなく、今のひきこもって生きてきた生活を支えるためのサポートを前提にすべきだったと思う。

事前に、本人の気持ちを理解できる当事者や家族会に相談するなど、これから連携していくことも大事だろう。

報道に怯える当事者たちから相談が殺到

連日続いた「ひきこもりバッシング」報道の影響は、全国の家族会や当事者の自助会などにも押し寄せた。

KHJ家族会の本部には、メディアの大々的な報道以降、朝から夜まで一日中、電話が鳴りやまなかった。キャッチホンにかかっているのがわかっていながら、取れない電話が何本もあった。

主に家族と本人からの電話が多く、その割合は、7対3くらい。家族からは、「うちの子も同じような事件を起こすのではないか」「自分に攻撃の矛先が向くのではないか」「もう限界」「行政に相談しても何もしてくれなかった」といったものまで、切羽詰まった内容が多かった。

これに対し、本人からは「周囲の目線が怖い」「ひきこもりというだけで、(周りから)

事件を起こすと見られている」「ますます外に出られない」「居場所の情報を知りたい」など、全体的に事件が起きる前の相談件数に比べて、数十倍にも増えた。

また、そうした家族や本人たちからの相談の合間には、メディアからの取材依頼や問い合わせも入った。メディア対応は、途中から筆者が引き受けるようにしたものの、家族会本部のスタッフたちは日常業務がまったくできない状態に陥った。

また、同じような状況は、全国の家族会支部でも見られたようだ。

中には、「(ひきこもる子の存在が)ストレス。顔も見たくない。早く支援団体に連れ出してほしい」などと焦る家族もいて、スタッフが「本人から恨まれるだけで逆効果だから」と、何とか思いとどまらせる場面もあった。

正確に分析したわけではないものの、特徴的だったのは、こうして電話してきた人のほぼすべてが、初めて電話をかけてきた人たちで、誰にも相談できずに孤立していた。そこで、家族会や家族のつくる居場所などに来て、「自分1人ではない」ことを感じてもらい、同じような経験をしてきた当事者家族の話などもたくさん聞けば、参考になることもたくさんあるなどと伝えた。ウラを返せば、家族会の会員たちは、日頃から同じ家族どうしでつながりがあるせいか、事件に対しても比較的冷静に受け止めていたようである。

家庭内暴力はたったの3％

元事務次官の事件の背景には、家庭内暴力があったという。一連の事件以降、「どうしてひきこもりの人は暴力を振るうのか？」と、ひきこもっている人は暴力を振るうことが前提であるかのように、執拗《しつよう》に聞いてくるメディアもあった。

筆者は「ひきこもる人の心の特性は、本来、暴力や争いとは程遠いタイプ」と、そのたびに説明に追われた。それでも、ストーリーありきで「ひきこもり」と「暴力」のメカニズムを執拗に聞きたがるメディアもあって、辟易《へきえき》した。

エビデンスを見ても、ひきこもり状態にある人すべてが、家庭内暴力を起こすわけでない。宮崎大学教育学部の境泉洋《さかいもとひろ》准教授が、2017年度にKHJ家族会の各支部を通じて調査したデータがある。それによると、現在、ひきこもり状態の子がいる家庭のうち、家庭内暴力があると答えた家族は544人のうち18人で、わずか3・3％に過ぎなかった。過去に暴力を受けたことがあると答えた家族を含めても123人で、全体で22・6％。家族会の会員が対象ということで、孤立した家族よりも少なめなのかもしれないが、それでもデータ上は、そう多くはない。

こうした調査に基づくデータがあるにもかかわらず、メディアでは「ひきこもり＝家庭内暴力」という一面的な見方を基にした図式で流布されてしまうのが現状だ。

「不寛容な社会」が外に出る機会を遠ざける

一連の事件の後に開催されたKHJ家族会のイベントでも、事件報道に胸を痛める当事者たちの声が多く聞かれた。

2019年6月9日、「KHJ家族会北海道『はまなす』」が、たまたま事件とは関係なく企画していた「ひきこもり8050問題と命の危機予防を考える」というテーマの学習会を開いた。

偶然とはいえ、筆者はメディアから追いかけ回されていた時期であり、あまりにタイムリーなタイミングでの「8050問題」のイベント企画に、会場は椅子が足りなくなるくらい参加者が詰めかけ、メディアも多く集まった。

そこで、「8050問題」のひきこもり当事者の1人として登壇した50歳代の男性は元々、技術職の正社員として働いていたものの、人間関係や超過勤務などから身体を壊して退職した。しかし、すぐに次の仕事に切り換えることができなかったという。

その後も、アルバイトを探して働いたものの、長続きしなかった。派遣の仕事に就いても契約が切れてしまい、「早く次の仕事を見つけなきゃ」という焦りに追われているうちに、眠れなくなった。うつ病の薬を処方されたものの、ズルズルと薬を飲む生活が続いてしまった。

そして、最後に派遣で入った会社でパワハラに遭い、暴言を浴びた翌日から出社できなくなった。そのまま、ひきこもり状態に陥ったが、家族からも周囲からも「仕事はいくらでもある」「仕事をしろ」などと責められた。

「自分としても、もちろん仕事をしたかった。しかし、どうしても行動に結びつけられないほど、心理的ハードルのほうが高かったんです」

履歴書を書いて応募しようにも、ひきこもっていた間の空白をどう埋めればいいのかわからない。「この仕事ならできそうかな」と思って、求人先に電話しても、担当者から「ちょっと難しいですね」と断られる。

「応募して断られるたびに、『あなたのスキル不足ですよ』と言われている気がしました。それが何回も続くたびに、正社員時代の技術職の自負があるだけに、自信の喪失が積み重なっていったんです」

一度レールから外れると、元に戻れなくなる社会の構造がある。求められているのは、神スペックと言われる人材で、履歴が重視される。非正規や派遣が増え、採用されても待っているのは、低賃金や超過勤務、いじめやハラスメントの横行する職場環境だったりする。

今は令和の時代だというのに、右肩上がりの高度経済成長の頃に設計された終身雇用が前提の雇用の仕組みは、未だ変わっていない。

「働くって何なのか？」

前出の男性は、「就労」の目的が生活していくことにはつながらないように感じているという。

公的機関に相談に行っても、40歳という年齢で区切られて受け付けてもらえなかったり、ミスマッチな支援しかしてもらえなかったりと、疎外感を抱くことが多かった。

「働くことというのは、本当は、世の中に貢献できるとか、自分がこの社会に生きていることを確認するための手段なのかなって、思うんです」

事件と「ひきこもり」を結びつける報道があるたびに、過度の差別や偏見が当事者を抱える家庭を追い込み、外につながる機会を遠ざけていく現実がある。

「最近、世の中が生きづらく、ギスギスした空気が増えた感じがします。電車に乗るのが怖い。今回の事件やネットの騒動を見ていても、他者に不寛容な世の中になっているのではないか」

イベント企画者であり、ひきこもり当事者に対して手紙や電子メールを中心とした双方に無理のないピア・サポート活動を進めるＮＰＯ法人「レター・ポスト・フレンド相談ネットワーク」理事長の田中敦《たなかあつし》さんは、こう問いかける。

「非常に社会そのものが、不満や不寛容の中でギスギスした感じを受ける。こういう社会状況の中で、当事者たちが肩身の狭い思いをして生きていかなければならない。働いても収入が少なく、賃金が上がっていかない。年齢が上がれば、収入の高い職業に就くこと自体、難しくなる。社会はそんな状況をわかっていながら若年者支援ばかりに目を向けてきた。当事者が生きたいと思える状況になっているのか、検証する必要がある」

これから「８０５０問題」を考えていくための本質は、ここにある。

問題なのは想像力のない社会

川崎通り魔殺傷事件と元事務次官長男殺害事件により、当事者や関係者たちの思いや本来の言葉の意味とは違った形で、拡散されてしまった「８０５０問題」。

だが、当事者たちが訴えているように、この言葉は「ひきこもり当事者とその家族の高齢化傾向にともなう課題を指す」言葉であり、決して「長年ひきこもった人は犯罪を起こす」といった意味合いではない。筆者も含め、あらゆるステークホルダーたちが声をあげたこともあり、その後は有識者たちが「1人で死ね」などの過激な発言はやめるようにと呼び掛けたり、当時の根本厚労相が2つの事件に対して「事実関係が明らかではないが、安易にひきこもりなどと（事件を）結びつけるのは慎むべきだ」とコメントしたりするなど、少しずつバッシングは沈静化した。

本当に求められることは、思考停止した状態でスティグマを広げることではない。安心できる場所にひきこもるきっかけは何だったのか。少なくとも100万人以上ひきこもる人々が、若者に限らず、どの世代にも万遍なく推計されているというのは、いったいどういうことなのか。そのことを想像することが必要だ。想像力を使うことは、決して難しい作業ではない。

ひきこもるという行為は、動詞形であって、名詞形ではない。ひきこもり状態の人が100万人以上と推計されているということは、そのきっかけも、1つや2つではなく、100万パターン以上の困りごとがあるということである。ひきこもるきっかけが、

100万パターン以上あるということは、もはや社会の問題なのではないか。その理由について、これまで想像できなかった側にこそ、問題があったのではないか。

コラム①　街の喫茶店が「地域共生」の中心地になった理由

街の喫茶店を経営するひきこもり経験者の家族が、別のひきこもり経験者と看護師の3人で会を立ち上げ、喫茶店内に「居場所」を開いてみた。すると、当事者や支援者に混じって、地域の高齢者たちも参加するなど、店から溢れる人が出るほどの盛況ぶりとなった。

筆者が「喫茶店に生まれた〝ひきこもりプラットフォーム〟のようだ」と、連載しているダイヤモンド・オンラインで紹介したところ、店には遠くから訪ねてくる人たちが何人もいたという。筆者の元にも「いつか店に行ってみたい」と、当事者からの声が寄せられるなど、改めて喫茶店は、居場所としての親和性が高い存在であることを実感させられた。

店の中に居場所を開いたのは、横浜市瀬谷《せや》区で喫茶「バス通り」を夫婦で運営している青木《あおき》貴子《たかこ》さん（50代）。3人で立ち上げた会は、「ゆるり瀬谷」と名づけた。「ほかの参加者を批判しない」「あらゆる勧誘を禁止する」などのルールを設けた「ふらっとカフェ」としてお茶などを用意し、2019年2月に「第1回ゆ

る り会」という居場所を開いたところ、想定していた「15人以内」をはるかに超える40人以上が集まり、店に入りきれないほどになった。

ひきこもらざるを得ない状態にある、あるいはそのグレーゾーンに位置する層の人たちは、「就労目的の支援がなじまない」「障害ではない」という特性の人が多く、周囲の住民の理解や寛容性、受け皿づくりを進めていこうとする地域の側の意識の変化が、相談につながるためのカギを握っていると言える。

青木さんが会を立ち上げたきっかけも、ひきこもって苦しんできた家族を見て、従来の「ひきこもり就労支援」に疑問を感じたことだった。

「社会に出て心の傷を負ったり、生きづらさを感じてひきこもったり、精神を病んで障害者に認定されたりしている人たちに、もう一度、原因をつくった社会に逆戻りさせて〝就労しなさい〟というのはヘンな支援だなと、ずっと感じていたのです。なぜこの人たちに意向を聞いて、できるものを提供しないのかなって……」

青木さんの家族も、職場の人間関係が原因で自宅にひきこもった。周囲の家族がSOSを発信しても、医師は自宅に来てくれず、役所も対応してくれなかったという。

その後、このことがきっかけで障害者と触れ合うようになり、「ピア活動」の存在を知った。「ひきこもり」と「ピア」をネット検索して出てきたのが、横浜市内で活動する「ひきこもり当事者グループ〝『ひき桜』in横浜〟」だった。「どなたでもどうぞ」というホームページを見て、青木さんは、定例会に出かけてみた。そこでは「今まで見たこともない」会が開かれていた。

青木さんは驚いて、「ここにいる人たちは全員、ひきこもりさんなんですか？」と尋ねてみると、「はい、そうです」と言われた。

「行政も支援職も成し得なかったことが、ここではできている。いくら〝来なさい〟と呼んでも、親が〝行きなさい〟と言っても、外に出てこない人たちがここにいる。居場所や当事者会というピアの世界のパワーや可能性は、これから絶対に必要になると感じ、惚れ込んだんです」

青木さんは、自分の地域にも、このような居場所をつくり出せれば、孤立して苦しんでいる本人や家族が来てくれるのではないかと考えた。ただ、そのときは「あれば、いいいな」と思っただけで、まさか自分がやるとは思っていなかった。

「結局、誰もやる人がいないと、何も始まらない。〝あるといいよね〟って話をしていたら、ケアプラザ（地域包括支援センター）の方から声をかけられたんです」

「ひき桜」代表の割田《わりた》大悟《だいご》さんにも声をかけ、一緒に会の運営を手伝ってもらうことになった。

当日の店内では、おしゃべりしたいスペースとおしゃべりしたくないスペースに分けた。おしゃべりしたくないスペースには、「ひきポス」などの当事者メディア、書籍、漫画、トランプ、オセロゲームなどを喫茶店っぽい雰囲気で置き、飲み物と食べ物を準備した。一方、おしゃべりしたいスペースには、ケアプラザの職員、地域のコーディネーター、看護師などが入った。

「何も打ち合わせをしてなかったのですが、職員たちは自然の流れで傾聴役に回ってくれました。しゃべりたい席には、地域のお年寄りたちが座っていたので、ひきこもり当事者の中にも傾聴役をしてくださる方がいて、誰が当事者なのかわからない状態でした」と青木さんは語る。

しかし、参加者たちはほとんど帰ろうとせず、会は終了予定を1時間以上オーバーするまで続いたという。

「これから先、何かできることがあるわけではないけど、会を開いて気がついたのは、多くの人に混ざっていても、自分に過度な注目が来ないほうが居心地がいいのかなって」（青木さん）

主催者が描いていた「ゆるり」ではなかったかもしれないが、当事者たちを真ん中に緩やかな関係の賑わいをつくり出す、カオス的な居場所だったようだ。

3人は同じテーブルについて、顔を合わせたことがない。会を立ち上げるにあたっても、「ひきこもった状態でも、しっかり運営に携わっていただける、そんな実績もつくりたい」（青木さん）からと、フェイスブックなどのSNSをフル活用した。

「ゆるりとする気持ちって、日常の生活の中ではなかなかつくり出せないじゃないですか。でも、喫茶店はゆるりとできる。うちの店なら、そのゆるり感が出せるのではと思いました。ゆるり会でも、本当はカウンターではいつものお客さんに来てもらおうと思ってたんです。居場所に行ったというよりも、喫茶店でお茶を飲んだという雰囲気を味わってもらいたかったのです」

青木さんが嬉しかったのは、ひきこもり状態から脱して手づくり菓子店を開いている30代女性が、夫と一緒に喫茶店を訪問。筆者の記事を見て「励まされたから」と、お菓子を持ってきてくれたことだという。

「彼女は〝力を得ました。これからも、ケアプラザの助けを借りながら頑張りたい〟って来てくれたけど、実は私のほうがたくさん励まされました」

実際には来られないものの、「店に行きたくて」と思いを寄せて、つながった当事者もいた。居心地のよい居場所づくりを日々模索してみたら、目に見える形で動き始めた人たちがいるということは、水面下ではもっとたくさんの人たちが、声に出せなくても店に希望を感じていることだろう。

第3章

親が死んだら、どうするのか

親の死体遺棄事件が続発

ひきこもる子を持つ親が高齢化していくとともに、親亡き後も親の遺体と同居し、死体遺棄事件につながる事例が、全国で続発している。

「私に万一のことがあったら、残された子はどうなるのか――」

そう親たちは、不安を口にする。このような事件に至るのは、「８０５０世帯」が中心。親が誰にも相談できないまま悩みを抱え込み、社会から孤立している家庭で起こっている。

２０１９年2月1日、横浜地裁の６０４号法廷。横浜市金沢区の自宅で、18年1月に亡くなった当時81歳で介護中だった母親の遺体を約10カ月にわたって放置したとして、18年11月29日に死体遺棄容疑で逮捕された長女（50歳）の初公判を傍聴した。

この日は、長女の被告人質問が行われていた。

なぜ、親の死後、警察などに通報できなかったのか。

法廷での証言によると、長女は２０１５年頃、寝たきりになった母親の介護のために仕事を辞め、以来、ひきこもり状態になった。母親の介護は長女がひとりで担っていたという。

区役所などによると、２０１８年11月27日、町内会から「姿を見かけない高齢者がいる」という連絡があり、区の職員が高齢者の健康状態を確認しようと自宅を訪問した。ところが、介護をしていた長女は「母は体調が悪いからダメです」と繰り返すだけで、区職員は母親に会わせてもらえなかった。

そこで、区職員は翌日の午前中、再び訪問したものの、長女からドア越しに「まだ寝てるので無理です」「午後3時くらいに起きます」と言われた。区職員が午後3時頃、改めて自宅を訪問したところ、今度は「母は会いたくないといっています」と長女から断られたため、おかしいと思った役所側が警察に通報。警察が自宅の立ち入り調査をし、母親の遺体を発見した。すでに遺体は腐敗していて、死因が特定できなかったという。

区の担当課長によれば、一般的に高齢者の姿が見えないときには、「特養老人ホームに入所している」「親族の家に居る」「長期入院している」などと言われることが多く、もし長女からそのように言われていれば、疑問には思わなかったという。ところが、長女は、その場限りの対応をしていたことから、不審に思った。

いずれにしても、担当課長は、長女の状態について「これまで関わりがなく、ひきこもりと言えるのかどうかさえ、わからない」と話す。本人や家族の側から相談がないと、役所から介入するのは難しい。せめて「困り感を発信してくれれば、私たちにもできることはあった」という。まさに、「8050家族」は、制度のはざまに置き去りにされてきたことを物語っている。

では、どうして言えなかったのか。

「母が死んだことが現実になってしまうから……」

長女は、初公判の被告人質問で、次のように証言した。

2015年頃、母親が寝たきりになったので、長女は介護のために仕事を辞めた。いわゆる〝介護離職〟だ。

母とは唯一、何でも話せるような関係で、テレビが好きだったことからドラマの話をよくしていたという。

「毎日、買い物や散歩に行ったりしていました。子どもの頃、デパートでぬいぐるみを買ってもらったり、レストランで一緒に食事したり、遊園地に行ったりしていました。今までいろいろ話を聞いてくれた恩返しのために、一生懸命介護しました」

ところが、2018年1月頃、母親は冷たくなっていた。声をかけても反応がなかったことから、長女にも、亡くなったことはわかっていた。

「母はカンのいい人で、自分が亡くなる夢を見たらしく、死ぬのがわかっていた。とてもつらかった」

長女は、別れるのが悲しくて、母の死を受け入れることができなかった。

「それを言うことによって、母が死んだことを認めることになり、現実になってしまう。どんどん月日が経ってしまって、どうしても認めることができなかった。」

母親の年金が2カ月に1回入ってくることはわかっていたものの、一切手をつけることはなかった。

「月日が経つにつれ、母がかわいそうになって、ちゃんと葬儀をして葬ってあげればよかったと思いました」

なぜ、自ら発信することができなかったのか。

なぜ、母親の死を誰にも告げることができなかったのか。

法廷で、何度もそう質問された長女は、「それを言うことによって、母が死んだことを認め、現実になってしまう」と繰り返した。母親を失えば、楽しかった頃の思い出を失うことになり、社会で生きていく意味や希望を見いだせなくなる、ということだったのだろうか。

裁判を傍聴していて、ひきこもる当事者たちが置かれた心情にも通じるような長女の内面が、筆者にはジンと伝わってきた。

「母と一緒にいたかった」62歳息子を逮捕

この頃、神奈川県内では、似たような事件が続発していた。

２０１８年11月16日、横浜市磯子《いそご》区の親子２人で暮らしていた自宅で、69歳の父親の遺体を２０１８年５月頃から放置したとして、当時40歳の長男が逮捕された。

２０１９年１月にも、同じ磯子区内の別のアパートの部屋で、84歳の母親の遺体を放置した疑いで、当時62歳の息子が逮捕される。報道によると、息子は無職で母親と二人暮らし。母親の介護をしていたものの、母親は２０１８年11月に死亡。部屋を訪ねた妹が遺体を確認し、警察に通報した。前述の長女と同じように、息子は「母と一緒にいたかった」と供述している。

さらに神奈川県相模原《さがみはら》市でも、死体遺棄事件で子が逮捕される事件が起きた。２０１９年１月24日、84歳の母親の遺体を２０１８年12月頃から放置した疑いで当時60歳の息子が逮捕された。母と息子は二人暮らしだったが、近所の住民が「最近、母親の姿を見かけない」と交番に相談。警察が自宅の鍵を開け、遺体を発見した。

40年ひきこもり状態の長男が母親の遺体を放置

こちらも時期を同じくして、2018年11月5日、横浜市金沢区の団地で親子二人暮らしだった当時49歳の長男が、76歳の母親の遺体を半月ほど放置したとして、死体遺棄容疑で逮捕された。神奈川県警金沢署などによれば、母親は「凍死」だった。

長男は、約40年にわたり、ひきこもり状態にあった。小学生の頃から他人と会話ができなくなってしまっていて、自室から外に出ることもなく、母が生活を支えていた。

母親が亡くなったとき、自宅には、アナログの着信番号の出ない固定電話しかなかった。携帯も持たず、警察に知らせたくても、連絡を取ることは物理的に不可能だったと思われる。

別居していた妹の携帯には、1度だけ着信の履歴が残っていた。妹は、母親が電話をかけたのかと思い、自宅にかけ直したが、誰も出なかった。

「兄は、母の異変を自分に知らせたかったのではないか」

妹は今、そう振り返る。その1カ月後、妹が気になって実家を訪ね、変わり果てた姿の母親を発見した。母の遺体の上には、布団がかけられていた。

逮捕された長男は、警察の取り調べでも、捜査員と筆談でやりとりをしたという。それでも、逮捕時には実名で報道され、一部のメディアでは顔まで流された。

筆者は長男の逮捕後、妹から相談を受け、すぐに弁護士を紹介した。弁護士は、翌日には警察署に接見に行ってくれて、やはり長男と筆談でやりとりした。弁護士が交渉してくれたこともあり、長男はその後、不起訴になって釈放され、自宅に戻ることができた。

妹が実家に入ると、部屋からは「私やあなたが死のうと思ったときは一緒に死のうね」と綴られた母の長男に宛てた置き手紙も発見された。

遺体発見当時、部屋には数十万円の現金と、通帳にも貯金が残されていた。母親が長男の生活費のために残していったものだと思われる。

一方、発見されるまでの半月間、長男が家の中にある食べ物を漁ったのか、冷蔵庫の中は空っぽだった。エアコンは長期間使用された形跡がなかった。２０１８年の夏は猛暑だったにもかかわらず、節約していたのかもしれない。

家族とも置き手紙でやりとり

長男は、事件当時49歳。乳幼児の頃は、特別な遅れもなく、とくに困ったことなどもなかった。だが、幼稚園に入園すると、友だちとは話すのに、先生とは一切話さない状態で、小学校に入学してからも同じ状態が続いたという。

今から振り返れば、「場面緘黙症《かんもくしょう》」だったのではないかと思われるが、母親が教育相談に行くと、やはり「緘黙の疑い」があると告げられた。小学5年の頃から学校にも行かなくなり、「怖い」と言って、自室にこもるようになった。

それでも、10代後半になるまで、家にいるときは家族と普通に会話もできたし、ともに外出などもしていた。しかし、中学〜高校生くらいから、家族との会話も徐々になくなっていく。母とのコミュニケーションも、置き手紙で行うようになった。

長男は20歳ぐらいの頃、1度入院している。入院中は一切しゃべることがなく、退院後の通院も、怯《おび》えた様子でバスに乗っていたという。その後は、ずっと自宅にひきこもる生活が続いていた。

2013年に父親が病気で他界したときも、長男は家から出ずに葬式にも出席しなかった。父親は、それまでの間、長男がひきこもっていることを親戚にも隠してきた。葬儀のとき、親戚から「あれ、お兄ちゃんは?」と言われ、初めて知られることになったという。
父親が亡くなってから、長男は母親との二人暮らしになった。当初、長男は部屋の戸を閉め切っていた。ところが、「寂しい」と母親が漏らすと、長男は戸を開けて、閉めることがなくなったという。以来、長男は、皿洗いをしたり、家庭菜園をしたり、捨てる段ボールをまとめておいてくれたりと、生活の手助けになるような家事をこなしていたことが、記録から読み取れる。
長男は会話をしないながらも、母親が家庭菜園の種を「買ってこようか」と置き手紙を置いておくと、「買ってきて」と返事をしたり、収穫した野菜を母親に「収穫したから食べて」という手紙とともに置いておいたりしてくれるなど、母親と長男との間にはコミュニケーションがあり、平穏な日常生活が送れていた。

自分の亡き後を心配し、相談したのに……

一方、母親は、最初から助けを求めていなかったわけではない。元々、自分に万一のことがあったときのことを考え、長男の将来を心配していた。2013年には区役所にも相談に行っている。自分が死んだら、長男の生活が困窮してしまうことを心配したようだ。

しかし、2人の住まいは持ち家だったため、生活保護を受給することができなかったという。理由は不明だが、2013年の時点での相談は中断され、とくに何か支援が開始されることもなかった。

2年後の2015年、妹は嫌がる母親を2カ月にわたって公的機関などに相談するよう説得する。そして、ネットで「ひきこもり支援　横浜市」と検索すると、「横浜市青少年相談センター」が出てきた。妹は「青少年と書いてあったので、40歳以上も対応してもらえるのか」と躊躇《ちゅうちょ》したものの、思い切って電話してみた。しかし、「40歳以上の支援は対応していないので……」と断られ、紹介された区の保健所に自分で番号を調べて連絡した。

たまたま電話を取ったケアマネージャーが「自宅を訪問してくれる医師がいるから」と、区での保健相談を受けて、2015年4月から、月1回の訪問看護が開始された。

この件の詳細については第5章でも説明するが、2018年の2月、母親のほうから「とくに様子がかわらないから」と、訪問看護を終了したいという申し出があった。おそらくは、金銭的な面での負担が大きかったのだろう。

障害年金という希望もなくなった

訪問看護以外にも、母親は長男の生活を心配し、障害年金の申請を行おうとしていた。長男は幼少期から「緘黙性障害」を疑われていたため、障害年金を受給できるという判断だった。

母親はケースワーカーとともに年金係を訪れ、必要な書類などを受け取り、次回訪問時に年金を申請する予定だった。しかし、これも後に詳しく述べるが、ケースワーカーの異動や依頼していた社会保険労務士が病気で亡くなるなどの不幸が重なり、結果的に障害年金は申請されることなく、宙に浮いたままになっていた。

つまり、母親は、自分の死亡後の長男の生活を心配して、実際に行動に移し、訪問看護と障害年金の申請という具体的な支援に一度はつながったにもかかわらず、「支援の途絶」によって、生活に何の変化も起こらないまま、亡くなってしまったことになる。母親が2018年2月、「支援はもういいです」と断ったのも、妹に「支援は嫌」と不満をもらしていたのも、このように「助けを求めたのに何も変わらなかったことが原因だったのではないか」と、妹は納得できずにいる。

「支援の途絶」で生きる気力を失った

長男の部屋から見つかったという「私やあなたが死のうと思ったときは一緒に死のうね」というメモがいつ書かれたものなのかは定かではないが、自分が亡きあとの長男をどうにか障害年金などの支援につなげようと奮闘していた母親にとって、それが途切れたことは、生きる希望を失うことに近かったはずだ。結果的に、長男の母親は、支援を求めたのに、なぜか途絶してしまい、親子ともこのような悲劇に至ってしまったのではないか。

「8050問題」の背景にあるのは、支援から取りこぼされて、地域に埋没していくことである。決して、本人や家族の問題ではない。

妹は、支援の途絶の理由について、「亡くなった母親が支援を拒否し、電話をかけても出なかった」などと説明を受けた。妹は「電話に出ないのなら、なぜおかしいと思わなかったのか」と納得できずにいる。

事件後、妹は、亡くなるまでの母親との相談の経緯について、情報開示請求をした。しかし、役所側は「母親の個人情報」であることを理由に、開示を拒んでいる。

川崎通り魔殺傷事件にしても、横浜の死体遺棄事件にしても、なぜこのような悲劇に至ったのか。そのプロセスを検証して、全国の現場で共有していく必要がある。肝心の真実が隠されてしまったら、二度と悲劇を起こさないための教訓にはつながらない。

親のほうが取り残されるケースも

「８０５０問題」の行く末は、〝親が死んだらどうしよう〟のように、親に万一のことがあったときに、残された子の生活が行き詰まるという話ばかりではない。ひきこもる子が先に亡くなり、高齢の親のほうが残されてしまう〝ひきこもり死〟の事例もある。

首都圏の家々で込み入った住宅街の中に、２つの２階建て住宅が表と奥に壁で隣接する二世帯住宅があった。そのうちの表側の道路に面した家に１人で住んでいるのは、82歳の山口和子《やまぐちかずこ》さん（仮名）。その扉の横を通り過ぎて、狭い敷地を奥まで入ると、裏に隠れるようにもう１軒の家の扉が現れる。

その奥まったほうの家は、現在、空き家になっている。家主だった息子の義彦《よしひこ》さん（仮名）は、56歳で亡くなるまでの約30年にわたって、ひきこもり状態の生活を送っていた。

公務員だった父親は、２０１１年に亡くなった。すると、義彦さんは自らの意思で葬儀の喪主を務めるなど、主体的に動き始める。そして、親子で家を分けたいという本人の意見もあり、２０１４年末に二世帯住宅に建て替えて別々に暮らし始めてからは、親子で良好な関係が続いていた。

「主人の次に仏壇に入るのは、私だとばかり思って準備してたのに、まさか先に入られちゃうとは……」

和子さんは、そう肩を落とす。

筆者は、和子さんに鍵を開けてもらい、義彦さんの家に上がらせてもらった。玄関はなぜか土間がなく、ドアの外で靴を脱いだ。

玄関入って右手には、L字に上がっていく急な階段があり、2階には流し台と板のベッドが壁に備えつけられている。

家は全体的に、窓が小さくて、昼間でも光が差し込んでこない。筆者が訪問したのは、8月の真夏日。クーラーは清掃すれば使えるそうだが、さすがにクーラーなしでは、立っているだけで汗ばんでくる。

玄関の正面には窓のないスタジオのような部屋があった。音楽好きだった義彦さんが、楽器の演奏のためにつくったという防音壁で覆われた部屋だ。窓がないために、部屋に入ると、熱気でムッとする。

左手には、人が寝そべって入浴できるような浴槽のお風呂場があった。お風呂好きだった義彦さんが家を建てる際、親が発注した設計業者とは別に、自分で見つけた建築家に、自分の家の設計をオーダーメイドしてもらったのだという。

しかし、その家の主は、今はもういない。2019年の初め、義彦さんは帰らぬ人となった。

その日の朝、自分の家のリビングでくつろいでいた和子さんは、二世帯住宅の締め切ったままの扉をつたって隣から「おーい」と誰かを呼んでいる感じの義彦さんの声を聞いた。助けを呼んでいると思い、和子さんが合鍵を使って中に入ると、お風呂に入っていたのか、浴槽の前でしゃみこんでいる義彦さんを発見。駆けつけた母親の姿を見ると、安心したように仰向けになった。「救急車を呼ぶからね」と声をかけると、義彦さんはこっちを向いて、黙ってうなずいた。

ひきこもっている人の中には、医療にかかることを嫌がって、助けを求めようという気持ちになれない人も少なくない。しかし、このとき義彦さんは、助かったと思ったのかもしれない。

「本人も、救急車で運ばれることをわかっていたんだと思う」

すぐに救急車を呼んで、病院に救急搬送した。救急車の中で、義彦さんは「寒い」「寒い」とうなされていたので、救急隊員が声をかけると、そのたびに「うん」と返事をしていた。

病院では、2週間ほどICUで治療を受けたものの、そのまま亡くなった。死因は「肺炎」だった。

入院してしばらくは、義彦さんは意識があって、声をかけると反応があった。しかし、親戚が来たときには、大きな声で名前を呼んでも、反応はなかった。それでも、救命センターだったので、手厚い医療を受けられたのが良かったと和子さんはいう。

最後は、和子さんが息子を一晩中見届けることができた。義彦さんは翌朝、眠るように息を引き取った。

「あの声が聞こえなかったら、隣の家でも1週間か2週間、ずっと会わないことが多かったので、息子が亡くなっていることにも気づかなくて、警察沙汰になっていたかもしれない。〝よく気づいたね〟って言われました」

義彦さんはヘビースモーカーだった。以前から咳がひどかった様子はあったものの、通院等はしていなかった。

「充電期間」が30年続いた

「経済的な不安はありましたが、義彦とは仲良くやっていました。私が死んだら、この家を賃貸に出せば、食べるのにも困らないね、なんて話も義彦とはしていたのですが……」

和子さんは、そう声をつまらせる。

元々、義彦さんは４年制大学を卒業後、大学の紹介でデザイン系の会社に就職している。会社員時代は、地方に出張をしたり、休日は仕事のための勉強に出かけたりするなど、活発に活動していた。当時は、仕事の内容なども親に報告してくれて、得意気に見えたという。

しかし、義彦さんはこだわりが強く、仕事でも何でも一つのことに集中しすぎてしまうきらいがあった。

和子さんいわく、義彦さんには今でいう発達障害のような傾向があったのではないかと振り返る。

「もちろんその当時はわからなかったわけですけど、最近になって発達障害のことをいろいろ調べてみると、義彦に当てはまることが、いくつもあるなと思って……」

和子さんは、そう振り返る。だが、その当時はまだ発達障害という言葉もなかったため、当然、病院などに行くこともなかった。

一つのことに集中しすぎてしまう義彦さんは、仕事を時間内に終わらせることができなかった。そのせいで、だんだん残業時間も増えていき、その日のうちに帰ってこられないこともあった。休日を返上して働くこともよくあったという。そんな状況に義彦さん自身も疲弊し、上司からもしばしば注意を受けていた。

ひきこもり状態に追い込まれやすい人には、ある共通する特性がある。一人ひとりの背景は違うものの、仕事が目の前にある限り、ずっと最後まで続けようとして、自分の判断で休みを取ることができない。真面目な性格であるがゆえに、超過勤務やサービス労働などで疲れて壊れてしまうという傾向である。

義彦さんの場合も、そういう状態が2年ほど続いたようで、とうとう会社を辞めることになった。

ある朝、義彦さんは突然「起きられない」と言い出したのである。会社には行きたいという気持ちはあるのに、身体が動かないようだった。和子さんには、義彦さんがかなり落胆しているように見えた。

「退職したときに、義彦が『充電期間がほしい』って言っていたのをよく覚えています。

うちも経済的に余裕があったわけではないので、『半年くらいね』と返事をしました。その後、充電期間は、30年続きました」

当時、父親は公務員だったが、持ち家のローンなどもあり、決して贅沢《ぜいたく》な暮らしができるわけではなかった。父親は義彦さんの〝充電期間〟には反対していたが、その後、30年間、義彦さんは一度も就職することはなかった。

一方で、義彦さんは、パソコンでデザインを描くことが得意で、イベントの案内などのチラシづくりの仕事をもらうこともあった。ところが、なかなか納品期日に間に合わない。

和子さんから見れば、上出来の内容に仕上がっているのに、義彦さんは「ここの箇所が納得できないから直さなければ……」と、いちいち直すために時間オーバーしてしまって、期日より遅くなる。そんなことが何度かあって、仕事の依頼もなくなった。

親子関係は良好でも拭えない経済的不安

「義彦の充電期間が長くなっても、もともと会話がない家庭ということもあって、父親も私も直接的に働けとかそういうことを言ったことはありません。でも、基本的に父親は義彦の生き方には反対していて……」

義彦さんには2つ年下の弟がいたが、就職を機に家を出た。そのことによって、なんとなく家の中で、父親＋和子さん vs 義彦さん、というような対立構造ができあがってしまった。

当時は、2階建て住宅に親子3人で暮らしていた。その頃、義彦さんは朝になると、2階の自室から大きなパソコンを重そうに抱えて、1階の台所のテーブルに置く。また夜になると、パソコンを持って2階に引き上げるということの繰り返しだった。ちょうど80年代末のバブルの最盛期の頃だ。

しばらくして、2011年に父親が亡くなるまで、その構造は続いた。だが父親が亡くなった際、義彦さんは主体的に手続きを行い、喪主もつとめた。そのとき和子さんは、義彦さんをとても頼りに思ったという。

「父親が亡くなって、家を二世帯住宅に建て替えることになりました。義彦からの申し出でしたけど、私もべったり同じ空間にいるより、お互いのためにいいだろうなと思って、意見が一致したんです」

和子さんと義彦さんは、互いのために、家を二世帯住宅に建て替え、それぞれの住居でバラバラに暮らすようになった。だが、かえって義彦さんとの仲は良好になった。

「二世帯とはいえ、お互い離れたことによっていい関係を保てるようになったんでしょうか。義彦は昔から音楽が好きで、一緒にジャズを聴きに行ったこともありました」

一方で、やはり経済的な負担もあり、和子さんは不安を抱えていた。

「住居はバラバラになりましたが、光熱費や食費などはすべて私が負担していました。この先どうなるんだろうという不安はつねにありました」

だが、和子さんは義彦さんの気持ちを考えて、金銭のことで咎《とが》めたことはなかった。だからこそ、良好な関係が保てていたのかもしれない。


どんな形でも、息子に生きていてほしかった

しかし、あることをきっかけに、義彦さんは以前よりも家にひきこもりがちになり、和子さんとの交流も少なくなっていく。

義彦さんは、数年前から自治体が運営するデイケアサービスに通っていて、そこで出会った共通の趣味をもつ友人がいた。

義彦さんはその友人と一緒にイベントに出かけたり、和子さんと3人で食事をしたりと、親しくしていたが、あるとき、その友人が自殺をしてしまう。

そのショックからか、義彦さんは以前より自宅に籠ることが多くなり、和子さんとの交流も徐々に減っていってしまった。

義彦さんの死から数カ月後、川崎通り魔殺傷事件と練馬事件が起き、前述したように、当事者家族の間にも動揺が走った。

事件後、和子さんは、同じようにひきこもる子と生活している母親から、こんなことを言われた。

「息子さんが病気で亡くなって、よかったじゃない……」

川崎通り魔殺傷事件のように何か事件を起こす心配もないし、将来の経済的な不安もなくなる。自殺したわけでもない。だから、よかったじゃない、一安心ね、という悪気のないニュアンスだった。

「私も、30年ずっと義彦のことを心配してきましたから、当事者家族の大変さや不安は痛いほどよくわかります。でもね、義彦を亡くしてみると、あの子はいてくれるだけでよかったたって思うんです。隣にあの子がいるって思えるだけでも幸せだった。別に何もしなくてもいいから、ただ生きていてほしかった。どんな形でも構わないから私より先に死んでほしくなかった」

「何もしなくてもいいから、ただ生きていてほしかった」という言葉が心に突き刺さった。

一連の事件と、ひきこもりバッシングの報道によって、思いつめた親たちのなかには、危害を加える危険性がなくとも、子どもの存在を疎ましく思った人もいるかもしれない。

和子さんに「よかったじゃない」と声をかけた人も、そういう気持ちがあったのかもしれない。

だが、どんなに大変だったとしても、子どもが死んで「よかった」とは思えない、と和子さんは話す。

「大変で不安なのは本当によくわかります。何かが劇的に変わるわけでもないかもしれないけど、自分の子を『生きているだけでいい』という気持ちで見守ってくれたら……」

不安になる家族に向けて、和子さんはそう訴える。

どちらが先に亡くなるか、これから先のことは、何が起こるか誰にもわからない。

「私のようにならないように、自分が産んだ子である以上は愛しんで、仲良くなるのがいちばんいい。子と話ができるのであれば、向き合ってほしいと思っています」

ただ、子がひきこもると、ほとんどの家庭では会話そのものがなくなってしまう。

もし親が子どもと話ができない状態であれば、「できるかぎり会話ができるようにもっていくのがいい」と和子さんは言うものの、話ができなければできないなりに見守っていくしかない。

「8050問題」の現場では、こうした子を支える高齢の親や家族への相談支援が求められている。しかも、それはお互いが生きている、今すぐにでも対応していかなければいけない喫緊の課題だ。

「隣の家、人に貸せますよ?」「不動産屋にすべてお任せすれば大丈夫だから。もったいないじゃない」

長男の死後、和子さんは、そう周囲の何人からも言われた。

しかし、和子さんも歳を取り、「近くで知らない人と住むのはイヤだから」と、これから家をメンテナンスし、壁紙を張り替えてクーラーを取り換えた後、自分の「トランクルーム」として使うつもりでいる。

ひきこもる50代の兄弟を支えてきた80代母

筆者が出会った54歳の男性も、「親が死んだらどうしよう」と日々不安を募らせている。

首都圏郊外の私鉄のターミナル駅からバスで緑の木々の道をしばらく進み、団地の中にあるバス停で降りると、セミの大合唱が迎えてくれた。ちょうどお盆ということもあり、真夏の容赦ない日差しを逃れて、緑地の木陰に涼んでいる人たちもいる。バス通りからコンビニの角を曲がると、高度経済成長期の頃に造成されたであろう住宅街の中に、その家はあった。

昭和の時代によく見かけたような高いブロック塀の門をくぐると、ジャングルのように雑草で覆い尽くされた庭が目に飛び込んでくる。

その無秩序に伸びきった緑の向こうに、大きなベランダの備わる2階建て住宅があり、男性が玄関のドアを少しだけ開けて顔を出していた。男性は、すでに25年にわたってひきこもっているという東大河《あずまたいが》さん（仮名＝54歳）だ。

「どうぞ」と言われて玄関の中に入ると、茶褐色系の廊下には額縁に入った絵が何枚もかけられていた。クーラーで冷やしてくれていた応接間には、おしゃれなシャンデリアが吊《つ》り下がり、レトロ模様のベージュの壁紙に、ノスタルジックなサイドランプ、木々の葉の絵が貼られた窓ガラス、横に長いサイドボードと、どこか人の温もりが感じられる。筆者が子どもの頃の70年代、父親が自慢げに建てた2階建て住宅に、外観も内装も雰囲気がよく似ていて、その懐かしい佇《たたず》まいの感じに、胸がジンとした。

このマイホームを東さんの父親が建築したのは、42年前の1977年のことだという。東さんは、大学時代まで、この家で暮らしていた。その父親も、2017年に病気で亡くなり、今はいない。

東さんは現在、近くのアパートに一人暮らしをしていて、この実家には、母親（87歳）と1つ年下の弟（53歳）の2人が同居していた。その弟も、10年以上ひきこもっている。80代の母親が、ひきこもる50代の兄弟2人の生活を年金や貯金で支える、典型的な「8050世帯」だ。

父の死後、弟が、いつも車でお弁当を買いに行く時間が過ぎたのに部屋から出てこなかったので、心配した母親から「様子を見て来てくれ」と言われた東さんは、部屋の外から声をかけてみたところ、弟は「大丈夫」と答えた。しかし、その後、今度は母親が「痛い」「痛い」と言うので、東さんは119番。結局、弟も母親と一緒に救急車で病院に運ばれることになったのだ。

母親は救急車で病院に運ばれたあと認知症になり、今はシルバーケアの施設に入って、リハビリ生活を送っている。母親の身の回りの世話や弟の生活のこともあり、東さんは、実家で寝泊まりするような状態だ。

母親の看病を開始したとき、初めて保健所にも行った。窓口では開口一番、「あなたはもう外に出ているから、ひきこもりじゃない」と言われ、がっかりした。

弟は退院後も、家の中でひきこもり状態にあるが、緊急入院をきっかけに専門家につながって、訪問看護のサービスを受けることになった。

発達障害が原因で退職

東さんは、学校時代、とくに問題はなく、公立高校を卒業している。

高校時代、義務で入るクラブ活動があり、東さんは1年のときに科学部、2年以降は天文部をつくり、周囲に勧められて部長も務めた。ただ、東さんは、今の状況を暗示させるような兆候があったことを思い出す。それは、中学生の頃から、自分の部屋の勉強机に座って宿題や勉強を始めようとすると、頭が痛くなってくることだった。その後、大学受験に失敗し、予備校に通いながら2年間浪人生活。浪人3年目も、志望する私立大学には合格できず、本人いわく〝すべり止め〟の大学に入学したという。

90年代、大学を卒業後に2年ほど会社で勤務したものの、仕事を辞めた。その後、職業訓練学校で設計を習い、水道などの設計を請け負う会社に入社した。

しかし、職場では遅刻が多く、仕事もうまく行かずに、ずっと上司から怒られっぱなしだった。東さんには、プログラムを組み立てる業務が向かなかったのかもしれない。表向きは「依願退職」だったが、辞めるよう促されたのが実態だ。

「今、振り返ると、自分は発達障害で、それが影響したのかもしれない」と、東さんは言う。

現在であれば、発達障害について、企業側もようやく勉強を始めた段階で、少し理解が進み、それぞれの特性に合わせ職場環境も改善されるようになってきた。

しかし、1998年に斎藤環《さいとうたまき》氏が『社会的ひきこもり 終わらない思春期』（PHP新書）を出版し、社会的な問題やストレスなどから来る、従来の精神疾患とは違う背景の「ひきこもり状態」が世の中に知られるようになってきたのは、東さんが勤めていた時代より、ずっと後のことだ。

ひきこもり状態の考え方は、欧米では「それは個性のあり方であり、一つの生き方」と捉えられるので、あまり問題視されない。一方、日本の場合、ひきこもるのは「個人の責任」や「個人の努力不足」などという個人の問題として長く考えられてきたために、家族によって、本人の存在が隠されていく。「恥ずかしい」「知られたくない」「家の恥」だから隠すという価値観が、ひきこもるという行為にしても、発達障害にしても、今まで理解が広がらなかった大きな要因だったように感じる。

母の貯金を食いつぶして生活

東さんの家庭でも、父親は亡くなるまで、ほとんど家庭を顧みることはなかった。父の残像と言えば、家ではビールを飲んで、タバコを吸って、テレビを観ている。外では、女性と浮気して、遊び回る。東さんには、そんな父親の印象しか残っていない。

東さんが住むアパートの賃貸料は、共益費込で5万円余り。ひきこもってから、ずっと母親が払ってくれていた。

しかし、母親が入院した今は、母の貯金を少しずつ食いつぶして生活している。土地も家も、母親の名義だ。

お金を使いきってしまえば、生活保護を受けられるという話も聞いた。でも、「生活保護を受けられても、月に5万円では……」と、東さんはため息をつく。5万円では、今、支払っている光熱費や保険料だけで消えていく計算だ。

東さんは高校時代の頃から鉄道の車両が趣味だった。ところが、今では生活するのにお金や時間の余裕がなく、鉄道への意欲は薄れてきているという。余裕がなければ、自分のささやかな楽しみさえも失っていく。

「お金がないので、ライトノベルや漫画を立ち読みするだけですが、最近、異世界に生まれ変わるストーリーが多いじゃないですか。あれって、私もそういうところがありますけど、生き直しへの願望なのでは、と思うんです」

対人恐怖症でハローワークにも行けなくなる

自宅のある辺りは「福祉過疎地帯」だと、東さんは聞かされた。なぜなら、この地域には、ひきこもり当事者会も家族会もない。何とかという民間支援団体が運営している居場所もあるらしいが、どういう組織なのか実態がわからず、行く気がしないという。

「最近、強引に外に引っ張り出す暴力的支援業者が問題になっていますよね。だから、支援団体って聞くと、怖いんです」

東さんには、対人恐怖症の症状があるという。

「対人恐怖があるゆえに、つい相手に対して明るく振る舞っちゃうところがあるんです」

最初に異変を感じたのは、就職して2年ほど勤めていたのに、会社を辞めさせられたことにショックを受ける以前に、フローチャートのつくり方などがわからず、自分自身で仕事ができないことを自覚したときだ。

「基本的な仕事の流れはわかっていても、ちょっと複雑になるとダメなんです」

大学時代も、ベクトルや行列式の意味がさっぱりわからなかった。自分１人だけが、おかしいのではないかと思っていた。

東さんは、精神科で診てもらったものの、「勉強ができないというのは、精神疾患とは違うから」などと、因果関係を否定された。今、振り返れば、当時はまだバブルの真《ま》っ只《ただ》中《なか》。もちろん「発達障害」という診断名のことも知らなかったし、それに対する理解もなかった。

東さんは、仕事をすることは諦めてしまっている。しかし、今に至るまでの間、ハローワークにも何度か通ってみた。

「自分の頭の固定観念と、自分に対する自信のなさで、そのうちハローワークにも行かなくなっちゃって……」

以来、東さんはひきこもっていた25年間、ほとんどビデオを見ていた。今でも、ＶＨＳとベータを持っているという。

誰でも、何歳からでも、ひきこもり状態になる

母親は、入院先から一旦帰宅したものの、2018年8月からシルバーケアの施設に入ったきり、ずっと戻って来ていない。従って、家の主は、弟になってしまうので、東さんが実家で寝泊まりして弟の面倒を見ているような状況だ。

弟はずっと2階で生活していたが、2017年8月に緊急搬送されて以来、下半身不随で動けなくなった。原因は、食生活ではないかという。

それまで病院を渡り歩いていたが、ケアマネージャーから「2階で生活するのは無理だから」という指示があり、2019年7月からベッドが1階に移された。

「ひきこもり関連の事件が起きるたびに思うのですが、ひきこもるという考え方は、周りの人には一種のぜいたくに聞こえるのでしょうか？」

そう東さんは、問いかける。

もちろん、ひきこもる人たちは、外の世界で傷つけられてきて、怖いと思っているから、安心な居場所である家に待避しているし、人間関係を避けたがる。

一方、事件で明らかになったのは、周囲にいる人たちも、ひきこもる当事者たちのことを自分とは違う存在であり、よく理解できないがゆえに、ひきこもる当事者の存在を怖が

っているということだ。
しかし、実は、社会にいる人たちも、ひきこもる当事者たちも、同じ地続きの所で生きていて、誰もがいつ、どの年代からでも、ひきこもりになる可能性があるということなのである。

「親子共倒れ」を防ぐ専門機関へ

東さんが今、困っていることは、父親の残した遺産の相続や保険の手続きについて、ボランティア的にアドバイスしてくれる法的な専門家をどうやって探せばいいのかわからないことだ。それから、同じひきこもりをしている友人をつくりたいという。

そこで、まず筆者は東さんに、一般社団法人「ＯＳＤよりそいネットワーク」の佐藤恵子《さとうけいこ》理事を紹介した。

ＯＳＤとは、「(Ｏ) 親が、(Ｓ) 死んだら、(Ｄ) どうしよう?」の略。

「親子共倒れ」を懸念する家族の切実な声が増えてきたことから、親が元気なうちに、様々な立場の専門家と一緒に具体的な相談事例を検討しようと、社会福祉士、産業カウンセラー、行政書士、不動産コンサルタント、司法書士、不動産鑑定士、一級建築士、税理士、保険・ファイナンシャルプランナーといった専門家が無報酬で発足させた団体で、具体的に直面しているケースごとに、できることを一緒に考えている。

ひきこもりの友人づくりについては、鉄道好きな東さんは列車に乗るのが苦ではないことから、近々、近くの当事者イベントなどに一緒に出かけようという約束をした。

ジャーナリストの役割は、埋もれた事実やエビデンスを発見、発掘し、伝え続けていくことである。一方で、こうして取材を通じて出会った全国の当事者たちが、それぞれ望んでいる相手同士、つなげていく。そんな〝触媒〟的な役割も担っているのかなと思う。

その後、東さんに連れられて、施設に入所している母親に会った。

「認知症が進んでいる」と聞いていたのに、お会いしてみると、矍鑠《かくしゃく》としているように感じる。

「お忙しいのに、申し訳ないです」

そう母親は筆者に繰り返した。

それどころか「兄弟で仲が悪いんです」と、将来を心配していた。

どうして、もっと早く相談しなかったのか聞いてみた。

「やっぱり世間体があるから、連絡しないですね」と、母親は明かす。

東さんは「新聞に〝ひきこもり〟の記事が出ているのを見ても、〝うちには、ひきこもりはいないよ〟って話してましたから」と振り返る。

「8050問題」が見えなくなる背景は、この「世間体」にある。

後日、OSD理事の佐藤さんと一緒に東さんに会いに行った。

持ってきてもらった父親名義の通帳などを調べたところ、父親が亡くなって2年も経つのに、口座から今も何かが引き落とされていることがわかった。また、銀行も保険もどこにどのような口座を持っていたのかわからず、問い合わせても対応してもらえない。遺産相続や名義変更、家の中の片づけなど、何から手をつけていいのかわからない状況だった。

法律の専門家が問い合わせて情報を整理する必要があると佐藤さんと話し合い、知り合いの弁護士さんを紹介した。東さんはホッとした様子だった。

親の死後、1000万円の貯金があっても危機的状況に

30歳の頃、会社を辞めたまま仕事に就けず、すでに20年ほどひきこもってきたという50代前半の男性の場合、80代の父親と母親が相次いで病気で急逝。一人暮らしになった男性の元には、父親名義の持ち家とローン、1000万円ほどの貯金が残された。

しかし、長年社会との関係性を遮断してきた男性には、亡くなった親の介護や病院への支払い、年金や貯金、借金の清算などの対応、土地や建物の名義変更など、どこでどのように手続きをすればいいのかもわからず、情報も相談相手もいない中で、行き詰まっていた。

早くに実家を飛び出し、自立していた兄は、住宅ローンの支払い手続きや遺産相続などを拒否。残された男性は、親の葬式にも姿を現さず、親戚といえども、ひきこもっている男性のいる自宅には入れなかった。

このような事例は、それまで高齢の親を介護してきた地域包括支援センターのケアマネージャーが発見し、あるいは把握していることが多い。

ところが、役所の縦割り制度の弊害により、せっかく地域包括支援センターで発見しても、どこにつなげばいいのか、どう接すればいいのかわからないという声を数多く聞く。

最近は、地域包括支援センターなどの職員を対象にした研修会の講師に招かれる機会も増えた。介護に入った先で、ひきこもるなどして収入のない子の同居、つまり「8050問題」を目の当たりにするのだという。自分の受け持つ担当に「8050問題」が存在しているかどうかを尋ねると、参加者のほぼ全員が手を挙げたこともあった。別の自治体では、自分の担当のエリアの中に、5人、10人、50人も把握していると答えた職員もいた。

これから「8050問題」に向き合っていくには、役所の中で連携し、ケアマネージャーが親の介護で家庭に入った段階で、ひきこもる子や「8050問題」の情報を共有していくことが大事だ。早期につながって、ひきこもる子の生活をサポートできれば、悲劇を未然に防ぐこともできる。

前述した男性は、生きる意欲を失っていて、持ち家の名義を変えて売却するよう勧めても、別の場所での賃貸生活という、環境が変わることを望まなかった。

また、死亡した父親の名義を変更しなければ、固定資産税などを支払わなければならなかった。それに、1000万円を超える貯金があったことから、生活保護を受けることもできずにいた。

自分の死後の準備をせずにいた親たちが、子を残して亡くなっていく事例が増えているということでもある。

この事例では、支援者が諸々の手続きに寄り添い、名義変更した自宅を担保に社会福祉協議会から資金を借りるリバースモーゲージを活用することにした。

「生きる意志」を持てる共生社会をめざす

本当に大事なことは、家族の目線で子どもとどう生きていくのか、親が元気なうちに、子と一緒に考えていくことだ。

親がお金をどんなに運用して残したとしても、子どもに生きる意志や能力がなければ生きていくことができない。あるいは、残された子どもはお金を使い切って、固定資産税などが払えなくなるという悲しい末路に至る事例もある。

一方で、最近は自分の老後を心配して、〝自立支援〟を謳《うた》う暴力的手法の業者に飛びつく親もいる。こうした業者は、「自立支援」を謳いながら、営利が目的。

だから、「お金を残してどうするんですか?」「生きてるうちに何とかしなければ……」などと親の不安を巧みに煽《あお》って、高額を請求するので注意が必要である。

「お金を残す」「外に出る」「働く」といったわかりやすいゴールがあれば、親自身は安心できるかもしれない。

しかし、命を守るため、生きるために、ひきこもらざるを得なかった本人たちにとっては、他人から強要される「ゴール」は、突然、暴力を振るわれているのと同じだ。

まずは本人が「生きていていいんだ」「そのまま何もしなくたっていい」と安心できる

環境をつくり、生活していくうえで本人と家族がどう共生していくのか、そのような視点で動くことが重要だ。

コラム② ラブホで主任に出世した元「ひきこもり」

ラブホテルで働くことは、真面目で細かいところにも目が行き届く「ひきこもり」心性を持つ人との親和性が高いと言われている。

千葉県市川市のラブホテル「ホテルM」で働く船戸《ふなと》光明《みつあき》さん（35歳＝取材当時）も、そんな1人。ひきこもっていた状態から2013年に就職し、現在は同ホテルの主任を務める。

そんな船戸さんのことを筆者がダイヤモンド・オンラインで記事にしたところ、その後、毎日新聞などでも掲載された。

ラブホテルで働くということは、基本的に「ルームさん」という部屋をつくる（掃除して仕上げる）仕事の繰り返し。お客の側も見られたくないという意識があって、お互いに接したくないというニーズがマッチするのだろう。どちらかというと、ラブホテルのスタッフは人付き合いが得意でない人が多いという事情は、以前、別のホテルでも取材したことがある。

船戸さんの仕事の内容も、主に客が使ったものを元に戻して部屋を原状復帰させる清掃作業だ。

もともと船戸さんは、約10年間工場に勤めていた。週休2日制になっていたものの、商品づくりの納期が迫るたび、休日出勤に追われた。終わることのない納期による超過勤務によって、「もう会社には行きたくない」というところまで追い込まれた。

会社の勧めで、精神科を紹介された。「適応障害」と診断された。会社からは、落ち着くまで休職するように言われた。

その頃、リーマン・ショックの影響で、会社の業績も倒産寸前まで悪化。早期退職の流れと重なって、船戸さんも会社を辞めた。以来、4年にわたって仕事に就けず、実家でひきこもる状態が続いた。仕事を探そうにも、気持ちの整理がつかなかった。

この間、ほとんど家にいた。テレビを観たり、部屋で横になったりしていた。会社時代のことをグルグルと考えた。会社の超過勤務の現状を知っていた親は、「たまには休んでて、いいんじゃないの」と、船戸さんが家にいることを責めなかった。こうした親の対応も良かったのかもしれない。

ホテルMに出会ったのは、たまたま見たフリーペーパーの求人だった。自宅から自転車で通えるホテルで、清掃のバイトを募集していた。清掃の仕事なら、イメージ的に簡単にできそうな気がした。

ホテルの面接を受けたら、その場で採用された。４年間のブランクについては、何も問われなかった。

一般的に、求められる清掃の人材は、見えないところで真面目にやってくれるかどうかだという。実際に船戸さんが入ってみると、自分の描いていた清掃のイメージとはまったく違って、部屋づくりは大変な作業だった。

とくに夏場の風呂掃除は、サウナのような暑さの中、短時間で部屋を仕上げなければいけない。でも、自分に与えられた仕事をコツコツとやっていくうちに、仕事が新鮮にさえ思えた。

船戸さんは最初、アルバイトで入ったものの、その真面目な働きぶりが評価されて社員に引き上げられ、さらに主任までキャリアを積んだ。

「今の支配人との出会いがなければ、途中で辞めていたかもしれません。仕事に対しては意見を言って熱いけど、食事などにも頻繁に誘ってくれて、自分を見

守ってくれていたんです。出会いがあって、変われたような気がします」（船戸さん）
ラブホテルでは、基本的に利用客が部屋に入ると、何かを言われることはあまりない。しかも同ホテルは、東京ディズニーランドがすぐ近くにあるため、ディズニーグッズを身につけた若いカップルの宿泊客が多いという。
「ディズニーのホテル料金が高いというイメージもあって、こちらに流れてくるお客さんも多くいらっしゃるようです」（船戸さん）
筆者がインタビューで通された部屋は、最上階の2部屋しかないVIPルーム。大きな浴場と露天風呂もあって、窓からは湾岸や京葉線の線路沿いに広がる街並みも一望できる。一般的なラブホテルのイメージとは異なり、リゾートホテルのようだ。
部屋の宿泊費は2万8000円と安くはないが、そうした眺望もあって満室が続いているという。
「今は楽しく仕事させてもらっています。定期的に入る保健所や消防の立ち入り調査にも同行していて、日々勉強になります」

船戸さんも、かつて働いていた工場から職場が変わって、気持ちの変化があった。今の職場に来て、やりがいを持てるようになったという。

同ホテルでは、季節によって自分でさまざまなイベントも企画できる。船戸さんはこの冬、バレンタインデー企画として、「独身の（船戸）主任にチョコレートをプレゼントして、スタンプを貯めよう」というキャンペーンを行い、スタンプが貯まったら割引券を出すという提案が採用され、利用客にもウケた。

「まさか、お客さんが本当にチョコレートを持ってくるとは思わなかったんです。こういう形で接点ができて、楽しかった」

船戸さんは今、「この業界は、世の中が思うほど暗いところではない」と、自信を持って言えるようになったという。

「将来、このまま仕事を定年まで続けて、新たな店舗ができたら、支配人を任せてもらえるようになりたいですね」

現在は、主任として求人への応募者の面接も行う立場だ。

「たとえ応募された人がひきこもっていても、やる気さえあれば経歴は問わない。見えないところで一生懸命に部屋を整える仕事なので、面接のときに続けていきたいというやる気を見せることが大事だと思います」

勤務体系は、午前9時から午後5時までの日勤、午後5時から午前0時の夜勤、午後11時から翌朝9時までの深夜勤の3パターンに分かれている。深夜勤であれば、時給が高く割増手当もつく。深夜勤は、身体的にしんどい時間帯だが、客に会う機会が最も少なく、短時間でお金を稼ぐこともできる。人にあまり会いたくなくて、昼夜逆転の生活にも慣れているタイプのひきこもり当事者には、向いている仕事とも言える。

資格やブランクを問われることもなく、シフトに入って一生懸命に働けば、生活に必要な月に20万円前後の収入を1カ所で稼げることから、シングルマザーの人たちも多く働いているという。

「今後、ホテルの清掃の仕事を紹介したいと思うのは、やり直したいと思っていたり、働きたくても働けなかったりする人たちです。そういう人たちに向いている仕事だと思います。ただ、継続するコツは頑張り過ぎないこと。休むときにはしっかり休むことも大事です」(船戸さん)

同ホテルの求人は、自力で職場に通える人が対象になる。

親元から独立したくても住まいを借りられずに第一歩を踏み出せずにいる人に対しては、同ホテルと連携し、人材紹介業と不動産業を手がける「カズシン株式会社」代表でキャリアコンサルタントの山内和美《やまうちかずみ》さんが、都内や首都圏の別のホテルの求人と併せて、入居できるアパートやシェアハウス探しなども手伝っている。

もちろん仕事自体はハードで厳しいものの、履歴を問わず、真面目なタイプの多い当事者の就労希望者であれば、相談してみる価値はあるかもしれない。

第4章

子どもを隠す親たち

困っている人がSOSを出せない社会

これまで見てきたように、高齢親子の共倒れや親の死体遺棄事件、「親が死んだらどうしよう」と日々頭を悩ませる家族など、「8050問題」の背景にあるのは、制度のはざまに置き去りにされ、声を上げたくても上げられない、あるいは、たとえ声を上げたとしても、どこにも届かない、という現実である。

筆者が長年、全国各地の「ひきこもり支援」の現場を取材してきて感じるのは、まず、現在の日本社会は、ひきこもる人たちに限らず、困りごとを抱えた人たちの誰もが、SOSを出しにくい社会なのではないかという点だ。

冒頭でも述べたように、現在の日本には「ひきこもっているのは恥ずかしいこと」「人に迷惑をかけてはいけない」「困った状況にいるのは自分の責任」といった価値観が根強くある。孤立は、本人の努力不足からくるという「自己責任」論だ。国は「共生社会」という理念を掲げているのに、地域には十分浸透していない。それどころか、現実は「〜しなければいけない」とか「〜してはいけない」という真逆の価値観に、当事者たちは苦しめられている。

そのせいで、困っていても声を上げることができずに、支援にたどり着くことすらできない。

あるいは、ギリギリのところでようやく声を上げることができても、支援とつながったときには、すでに手遅れである事例もたびたび見てきた。

このような社会構造のせいで、ひきこもる子に限らず、「社会に迷惑をかけたくない」と、子を隠し、いわば〝監禁〟のような状態にしてしまう現状がある。

「恥ずかしい」と40年相談できず

東京郊外に住む中川《なかがわ》家も、親がひきこもる子を「恥ずかしい」と感じ、ひた隠しにしてきた。地域で家族全体が孤立している、典型的な世帯のひとつだ。

中川家の次男である正雄《まさお》さんは、1959年生まれの60歳。現在90歳になる母親と2人で実家暮らしをしている。すでに「8050」を超えた「9060世帯」だ。

正雄さんは、コンビニで買い物をするなどの簡単な外出はできるものの、ほとんど外の世界とつながることなく、約40年間ひきこもり状態にある。

筆者に相談をしてきたのは、正雄さんの妹である2歳年下の芳子《よしこ》さんだ。芳子さんは結婚をして、現在は実家から離れた土地で暮らしているが、90歳の母親が亡き後、兄がどうなってしまうのか、どうしたらいいのか、思い悩んで筆者に連絡をしてきてくれた。このように最近は、「恥ずかしい」からと決して口外しようとしない親の世代に代わり、兄弟姉妹や叔父、叔母などの親族が、親亡き後に誰が面倒を見るのかといった危機感から相談してくるケースが増えてきている。

芳子さんの話によれば、正雄さんがひきこもり状態になったのは、40年ほど前のことだ。当時、正雄さんは22歳。調理師学校を卒業したのちに、とある日本料亭に就職し、元気に働いていた。しかし、職場は上下関係が厳しく、当時の母親の話によれば、正雄さんはよく顔を腫らしたり、唇が切れていたりする状態で職場から帰ってきたという。おそらく職場の先輩から暴力を受けていたのだと推測できる。

「普通の親だったら、殴られたような跡があれば、当然『どうしたの？』というようなことを聞くと思うのですけれど、うちの両親はそういうことは一切聞かなかったみたいです。幼い頃からコミュニケーションがとれていない家族で、親としての機能を果たしてなかったんです。兄がひきこもり状態になってしまったのも、そういった家族のあり方が原因していると思っています」

そう芳子さんは、振り返る。

そんな状態が続いたある日、正雄さんは突然、家出をしてしまう。おそらく職場のことに思い悩んだ末の行動だとは思うが、真相はわからない。

「兄はとてもおとなしく、気が弱い性格だったので、そのまま死んでしまうのではないか？と本当に心配しましたが、数日で戻ってきました。そのときも両親はとくに兄と話をすることもなく、兄はそのまま退職しました」

以来、正雄さんは働くことはなく、約40年という長きにわたり、社会とのつながりを遮断したまま、現在に至っている。

成績優秀なのに、突然高校を中退

中川さんは3人兄弟で、正雄さんの3歳年上に長男の正志《まさし》さんがいた。ところが、正志さんは病気で30年前に亡くなってしまっている。

芳子さんは、こう説明する。

「次男の正雄は、3人兄弟の中でも、いちばん勉強ができて、父親にとてもかわいがられていました。小学校時代も、自宅で勉強している様子もないのに、いつも成績は1番で……。周りの勧めで、有名私立中学を受験し、受験勉強をすることもなく合格したんです」

そんな自慢の兄であった正雄さん。それが、高校のときに、突然学校に行かなくなり、そのまま退学してしまった。そのときも、両親は、正雄さんに学校に行かなくなった理由を聞き出すこともなく、誰かに相談することもなかったという。

それでも、正雄さんは手先が器用ということもあり、その後、調理師学校に入学した。

公的支援につながらず、世帯ごと孤立

「父親は、とある大企業で役職についていました。エリート意識がとても強くて、口ぐせのように『大学というのは東大、京大、一橋のことを言うんだ』と言っていました。次男の正雄は、勉強ができたので、いちばんかわいがられてはいました。一方で、父は私たち兄弟3人に向かって、『お前たちは失敗作だ』と言ってくるんですね。大人になってからは、『大企業に入れないお前たちはクズだ』とか。子どもの能力をすごくバカにしていました。母親は完全に父親の言いなりなので、それに対して、どうということもありませんでした」

実は、芳子さん自身も、中学時代の転校がキッカケとなり、一時的に不登校になってい

た時期があった。そのことで学校から父親が呼び出されたことがあったが、見栄っぱりだった父親は「自分は海外に出張していて、知らなかったということにしよう」と言ったという。

「そんな父親ですから、当然、兄が大人になってから、ひきこもり状態になったことは、誰にも相談しませんでしたし、恥ずかしくてひた隠しにしていました。周りの親族も、大企業勤めや医者ばかりでしたから、母親も父親と同様に、誰にも相談していません」（芳子さん）

このように誰にも相談することがなかったことから、当然、公的な支援を受けることもなく、家族は社会から孤立してしまった。

経済面も健康面もギリギリの状態

「調理師の世界や、あるいはその職場が向いていないのであれば、こういう仕事もあるとか、必ずしも仕事ではなくても、地域にこんな居場所があるとか、そういう情報をいろんな人から聞いてくるとか、アクションを早い段階で起こしていれば、今の状況も違った展開になっていたのかもしれません」

父親は、正雄さんがひきこもってから約20年後、今から20年前にガンで亡くなっている。現在、母親は90歳。幸いなことに、大きな病気やケガをすることもなく、今は実家で、ふつう通りの生活ができているという。だが、糖尿病を患っており、年々、歩行するのも困難になってきている。

芳子さんは、こう不安を吐露する。

「収入は、父親が残した年金と、母親が現在受給している年金のみです。家は持ち家のため、2人で生活する分は、ギリギリなんとかなっていますが、母親が亡くなってしまったら、兄の生活は、立ち行かなくなると思います。固定資産税とか火災保険とか払えなくなると思いますし……。経済面でも健康面でも、悩みだすとキリがありません。母に介護が必要になったら、母が入院してしまったら、母が亡くなってしまったら、兄はどうなるんだろう……。『その日』が訪れるのは、導火線に火がついたように、間近であるように感じていて、日々、戦々恐々としています」

食事は母親がつくり、兄が自室、母親がリビングでバラバラに食べる。日々の買い物や洗濯、ゴミ出しなどの家事全般も、母親がすべて1人で行っている。

正雄さんは、公的支援は当然ながら、病院にも行っていない。母親も病院嫌いのため、これまで息子を受診させようともしていなかった。

こうして、本人は「精神疾患でも障害でもない」、親も「うちの子は病気や障害ではない」と否定し、障害認定を受けていないため、支援の制度に乗れない、乗せられないのは、ひきこもりという状態の特徴である。まさに、制度のはざまに置き去りにされてきた課題と言える。

芳子さん曰《いわ》く、穏やかで優しい正雄さんは「自分なんかが長生きしたら、芳子に迷惑がかかる」と思っているため、病院に行きたがらないのではないかと推測する。

「20年前に父親が亡くなったとき、すでに20年以上ひきこもり状態だった兄が頑張って、喪主挨拶をしてくれたこともありました。もっと早くに、父や母が第三者に相談をしていれば、今の状態にはなっていなかったのではないかと後悔しています。外に出られないわけではなく、亡くなったいちばん上の兄と父親の墓参りに、年に1回は一緒に出かけています。ただ、肝心な話をすることはできないので、どうしたら第三者とつながってくれるのか、と悩んでいます」

未診断のため、障害年金の申請もできないし、持ち家があり、生活が何とかなっているため、生活保護の申請もしていない。年齢的に、国民年金の受給もまだ先だ。

「恥ずかしいから」とその存在を隠し、支援とつながることがないまま、時が経ってしまったケースでもある。

「隠される存在」であることが重荷に

中川さん一家のように、右肩上がりの高度経済成長期を引っ張ってきた親世代の価値観からすれば、ひきこもって働いていない子の存在が恥ずかしく、知られたくないからとその存在を隠し、さらには、うまくいっている家を演じている家族は多い。

第1章でも述べたように、そんな親の態度を子どもが知ると、自分が親から隠される存在であることを感じて、ますます重荷に感じてしまい、動き出すことができなくなる。

子は「自分は隠されるべき存在なんだ」と思うと、ほとんど監禁状態のようになり、本人たちはどうすればいいのか、どう生きていけばいいのかわからなくなってしまう。精神的にもどんどん内にこもっていく。

そんな状態が長く続けば、もしも親が「このままではいけない」とようやくアクションを起こそうとするようなことがあっても、すでに本人との信頼関係が崩れていて、コミュニケーションすらとることができず、何をやっても手遅れになってしまうだろう。

「8050問題」の家の生活は、そのほとんどが親の年金頼みだが、場合によっては水準以下のギリギリの生活をしており、貧困状態になっているケースも実は多い。貧困状態になってもなお、「恥ずかしい」「人に迷惑をかけられない」という思いが先行し、知り合いに知られるのを恐れて助けを求めることができないのが実態だ。そうして、家族全体が身動き取れなくなって、追い詰められていく。

第1章で紹介した札幌で餓死してしまった親子の事例を思い出してみてほしい。彼女たちも、長い間、母親の年金だけで生活をしており、知人から生活保護の申請を勧められていたにもかかわらず、「他人に頼りたくない」と頑なに拒んでいた。

母親の「他人に頼りたくない」という言葉は、「他人や社会に迷惑をかけてまで生きていこうとは思わない」からと、地域でこっそりと孤立している多くの親子の心情と重なる。

「周りに知られたくない」と子を監禁

「社会のレールから外れた子どもの存在は恥ずかしいことである」と思い込み、世間に知られないようにする。その典型的な悲劇が、2017年と2018年にそれぞれ起きている。

1件目は、大阪府寝屋川《ねやがわ》市で起きた監禁死事件だ。

複数の報道によれば、2017年12月23日、寝屋川市の自宅に33歳の長女の死体を遺棄した疑いで、50代の両親が逮捕された。発見時、長女の体重は約19キロで、衣類も身につけずに眠るように亡くなっていたという。死因は凍死だった。

両親の供述によれば、長女は精神疾患を患っており、16歳~17歳頃から15年以上もの間、自宅敷地の中に造ったプレハブ部屋で生活をさせていたという。プレハブは2畳ほどの広さで、簡易トイレや監視カメラも設置。食事もトイレもすべてプレハブ内で行わせ、会話はスピーカー越しにしていた。プレハブの外に給水タンクが設置してあり、チューブで水が飲めるようなっていた。

自宅は高さ2メートルの塀で囲まれていて、外には約10台のカメラが設置してあった。両親は「精神疾患の子どもが暴れることがあり、周りに知られたくなかった」という趣旨の発言をしていたという。両親はその後、監禁と保護責任者遺棄致死の罪で起訴されている。

25年間、長男を檻に監禁

寝屋川での監禁事件発覚から約4カ月後の2018年4月7日には、兵庫県三田《さんだ》市でも監禁事件が発覚した。監禁の容疑で逮捕された父親は当時77歳。障害と精神疾患のある42歳の長男をおよそ25年もの長きにわたって、自宅敷地内に造られた檻《おり》のなかに閉じ込めていた。

檻は1畳ほどの広さで、床にはペット用のトイレシートが敷いてあり、排便はそのシートにそのまま垂れ流していた。食事は2日に1回で、父親が仕事から帰宅する午後10時くらいから約12時間は檻の外で生活をしていた。だが、長年、檻の中で過ごしていたことから、長男の腰は「くの字」に曲がり、目もほとんど失明状態になってしまったという。

長男の障害に気がついたのは、2歳の頃。知的障害のため、言葉を話すことができないので、一度もまともにコミュケーションをとれたことがないという。13歳頃から、母親やほかの兄弟の腕をかんだり暴れたりすることから、当時住んでいた家に「座敷牢《ざしきろう》」のようなものを大工に頼んでつくってもらい、父親が不在の間はそこに監禁していた。

その後、事件が発覚した三田市に転居するも、「部屋で暴れたり、ものを壊して大きな音を出したりして、近所からも迷惑だと苦情が相次いだ。プレハブの中に檻を作ってそこに入れるようになった」と父親は話している。

実は三田市に転居した約2年後、父親は市の職員に長男のことを相談し、職員は自宅にも訪問している。

父親の記憶では、檻の中の長男の様子も確認していたはずだが、そこから行政支援につながることはなかった。家族は孤立したまま、長男も監禁状態のまま何十年も経ってしまった。

父親には、監禁罪で懲役1年6カ月、執行猶予3年の有罪判決が下った。

社会構造による「社会的監禁」

以上の2つの事件は、それぞれ精神疾患や知的障害が背景にあり、ひきこもり問題とは別の論点もあるだろう。

ただ、当時、あるひきこもり当事者から、私たちが2カ月に1回開いている多様な人たちの集まる対話の場IORIのテーブルで、「事件をテーマに対話したい」という提案が出された。そのテーマ会議の席上、参加者の誰かが「これって、社会的監禁だよね」とつぶやいた。ミーティングの進行者がホワイトボードに「社会的監禁」と書いたところ、参加者たちも皆「これだ！」となり、テーマに採用された。

IORIの対話のルールでは、参加者の安心・安全のために話し合った内容を外には出さない約束になっているため、ここで紹介することはできないが、テーブルには実際に監禁されたことのある被害者も含め、20人以上が参加した。

三田市の監禁事件直後の同年4月8日には、IORIのスピンオフ企画として、ひきこもりと社会的監禁を考えるイベントが開かれ、筆者もファシリテーターとしてお手伝いした。会の呼びかけ人の1人、ひきこもり経験者のTosHiさんは、「環境によって閉じ込められ、環境によって動けなくなることがあるのではないか。1960～70年代の経済成長の時期に、精神科の強制入院や監禁が増え、ひきこもりということで閉じ込められている」と問いかけた。

参加者からは「せめて入院という選択肢もあったのではないか」との声もあったが、別の参加者からは「本人が〝病気ではないから〟と医療につながらないケースもある」との意見があった。

「レールから外れてしまったことを、本人よりも家族や周囲が気にしてしまっている」

「女子の半分は非正規雇用。親世代は時代背景が変わったことを受け入れられず、頑張れば正社員になれると思っている」

「病名などのラベリングがつくと安心する親がいる。家族自体が、世間をものすごく恐れ、つながらなくなる」

20人以上集まった参加者から次々に意見が出された。

15年間地域に〝監禁〟された男性が起こした事件

筆者は、2017年3月31日に大分県宇佐《うさ》市のこども園襲撃事件[*1]を起こした30代の被告男性と手紙でやりとりし、何度か面会した。

男性は、15年ほどひきこもっていた。彼が繰り返し言っていたのは、「ひきこもるきっかけは、学校時代のいじめだったが、いじめの事実が学校に隠され、自分の存在自体、な

＊1　2017年3月、大分県宇佐市にある認定こども園に、近隣に住む当時32歳だった男が侵入。児童と職員を殴打し、携帯していたナイフで職員2人を切りつけ、全治1～2週間のケガを負わせた。また、昔のいじめ加害者2人の居住地と考えていた民家にそれぞれ侵入したうえ、路上に駐車していた車のドアを開け、助手席に乗車していた60代女性にナイフを突きつけて車を奪おうとした。

かったことにされてきた。15年間、地域に閉じ込められていた」というものだ。孤立した男性の両親は「親子共倒れ」を危惧し、公的機関にも相談したのに助けてもらえなかったという。彼は自ら持っていた「聴覚過敏」（音や声が騒音のように聞こえる）の情報を得られる機会もなく、理解や配慮もない中で、周囲の悪意にさらされてしまい、「いじめの復《ふく》讐《しゅう》」のために取った行動が、あのような悲劇につながった。まさに〝社会的監禁〟そのものだった。

「閉じ込められて命を失う前に、親元から逃げ出せなかったのか」

「逃げる気力がなくなっている。女の子が男に監禁された事件のように、カギが開いていても出て行けなくなる。どこに助けを求めればいいのかもわからない」

「ひきこもり支援が、就労支援に偏り過ぎてると思うんですね」

「精神疾患がある子が、就労支援に行って再び発症し、悪化して来る子が続出してます」

「なんで就労問題にすり替わっちゃったんでしょうね」

「もっと当事者の話を聞くべきだし、ＵＸ会議の女子会キャラバンのような当事者が自ら発信しているところに、国のお金を落としてほしい」

社会的監禁から支援のあり方、それぞれの生き方へ、参加者たちの話は尽きない。

〝生きること〟最優先の社会へ

寝屋川市や三田市で起きたような事例は、氷山の一角だ。

日本では明治時代の法律で、精神疾患がある人の親族に「監護義務者」としての責任を負わせ、自宅で閉じ込めることを認めていた。公的制度で基本的人権よりも「秩序の安定」に重きが置かれ、迷惑をかけないように外に出さないのが家族の義務だと未だに錯覚している。他者に迷惑をかけないために、自らや家族を犠牲にすることが美徳とされる〝切腹文化〟のような遺伝子が、未だに根づいているのか。旧優生保護法下の強制不妊問題のように、前近代的なものが根強く残っていると言える。

札幌市、寝屋川市、三田市の3つの事件に共通するのは、「ひきこもり」や精神疾患、障害を恥ずかしいこととする社会の空気に家族が覆われ、結果的に子どもを周囲から隠そうとしたり、追い詰めたりして、もっとも大事なはずの生きる権利が奪われていく点だ。そう仕向けたのは、地域や社会であり、まさしく「社会的監禁」というしかない。

福祉の現場にいる複数の自治体職員から「埋め戻し」という言葉を聞いた。地域で複雑な問題を抱える家庭に気づいても、対応できる法律や制度がない。上司から「『パンドラの箱』を開けて余計な仕事を増やすな」などと言われ、土で埋め戻すように何も手を打たないことを指す。

最も大切にするべきなのは、何もしなくてもいい、自分が幸せに生きているのなら、それでいいという生きることの意義である。世間体や他人との比較、評価を気にせず、生きることを最優先に考えるように社会全体を変えていく必要がある。

コラム③　「高齢ひきこもり」が女性に求婚された理由

〈ひきこもりで、さらに中年ということで、居住地などは明かせませんが、可能な範囲で、ひきこもりの心境を綴っていきたいと思っております。〉

そんな書き出しから始まる『高齢ひきこもり』というブログが反響を呼んでいる。

ブログを書き綴っているのは、40代のひきこもり当事者（取材当時）で、社会人女性と結婚している二条淳也《にじょうじゅんや》さん（ペンネーム）だ。

筆者は、ダイヤモンド・オンラインで、このブログについて取り上げ、二条さんに話を聞いた。

〈ひきこもり当事者の私、二条淳也はこのたび、交際していたR子さんと結婚しました。〉という報告から続く〈ひきこもりでも結婚できる〉は、同ブログの中でも人気シリーズとなり、2019年9月現在で、すでに56回を数えるほどだ。

こうしたネットでの発信をきっかけに、二条さんは「好きな人がひきこもりなんです。どうしたらいいですか？」などといった読者からの恋愛相談に応えるため、女性や親を対象に、有料で面会や文通にも対応している。

二条さんがブログを始めたのは、東日本大震災前の2011年1月。当時、不登校などの若い当事者のブログなどはあったものの、中高年以上のひきこもり当事者からの発信は見当たらなかった。そこで、二条さんは『高齢ひきこもり』とタイトルにつけた。「大人のひきこもり」を当事者自ら発信し始めた走りのような存在だ。

二条さんは、小・中・高校と不登校することなく、友人がいない中で孤立に耐え、歯を食いしばって学校に通い続けた。中学に入る頃には、いじめも陰湿化していた。「いじめによる自殺」も、すでに社会問題になっていた。

読書好きだった二条さんが、とくにつらかったのは、休み時間だったという。

「読書してるとからかわれるので、教室から出るようにしてました。トイレも不良が固まってるので行けない。1階から3階まで階段を行ったり来たり、体育館まで歩いてみたり……。担任も、周囲と遊ぶことを奨励する先生だったので〝1人で読書は感心できないな〟って容認されず、つらかったです」

学校ではいつも1人浮いていた。体育祭や文化祭のときも、どこの班にも係にも入れてもらえなかった。体育の時間、バスケットボールでは、自分にだけボールが回ってこない。クラスの中で、存在していないように扱われた。

当時、担任の先生も、問題を起こしている生徒のほうにばかり目を向け、1人静かにしている自分は放っておかれていた。

学校は、戦場のようだった。でも、高校までは何とか卒業しないと、親に申し訳ないという気持ちがあった。

「毎週、親が制服をクリーニングしてくれるんです。それが、僕に対する期待のように感じられて……」

当時、二条さんの実家には自分の部屋がなく、家にいても居場所がなかった。学校では疎外されていたものの、働くのは好きで、高校1年のときからアルバイトを始めた。職場では「若いのに偉いね」などと、大人たちが歓迎してくれたのが嬉しかった。

高校を卒業してからも、そのアルバイトを続けながら、月額4万円ほどのアパートで一人暮らしを始めた。ただ、不況の影響で勤務時間が短縮され、新たに代わった上司とも合わなくなった。

27歳のとき、自分でコツコツ貯めてきた貯金を使って、私立大学に入学した。しかし、年々学費が値上がりするため、中退せざるを得なかった。バイトも辞めた。

絶望的な気分に襲われ、親に仕送りをお願いした。どこかに居場所が欲しかった。

「昔から、環境問題に興味があった。お金を稼ぐことはできないけれど、ボランティアならできるかもしれない」

そう思って、環境保護団体でボランティア活動を始めた。

「社会と関係性を絶ってしまうのが怖かったんです」

環境保護団体で、会報を封筒に入れるような微々たることでも、充実感を得られた。

「団体に応募するとき、職業欄に〝派遣社員〟と書いたんです。ひきこもっていると言うと、白い目で見られそうだったので……」

ちなみに、当事者の多くは正直で、ウソをつけないタイプが多い。だから、頼まれると断れずに気疲れして、そうしたことを回避するためにひきこもらざるを得なくなる。

二条さんは、この無償ボランティア活動を通じて、現在の妻になる女性と知り合った。彼女は、会社に勤めていた。最初は二条さんのことを会社員だと思い込んでいた彼女から、「食事に行こう」と誘われた。

後に、仕送りでひきこもり生活していることを知ってからも、彼女はプロポーズを続けたという。

「仕事ができるとかはどうでもよくて、二条君の長所は、1カ月かかっても説明できないのがいいところなのよ」

彼女はそう打ち明けてくれたものの、そもそも二条さんには結婚する気がなく、結婚したいとも思っていなかった。収入がないから、相手を不幸にするのではないか、と。躊躇する二条さんに、彼女は言った。

「結婚指輪も買ってあげるから、結婚しよう。ひきこもったままでいい。あなたらしく生活すれば、それでいい」

その申し入れに父親がとても喜んでいたのを見て、二条さんも決意した。

「ひきこもりでも、女性から愛されることがあるんだな」とわかって、前向きになれた感じがした。

「彼女は、仕送りを受けるひきこもり生活をまったく責めなかったので、良かったんです。働けないいんならしょうがないねって受け入れてくれたことで、すごく救われました」

とはいえ、2人は結婚後も無理せずに別居を続けていて、会えるのは週末だけ。いわゆる〝週末婚〟だった。でも、いつ、このように「巡り合える」機会があるかなんて、誰にもわからない。

「自分では魅力がないと思っていても、相手からは魅力的に映っていることもある。ひきこもりの人でも、あきらめないでほしいですね」

その後、環境保護団体は閉鎖され、今はない。しかし、二条さんにとっては、妻と一緒にいることが居場所のようになっている。

そんなとき、都内でひきこもり当事者の居場所活動などを続ける「不登校情報センター」の松田《まつだ》武己《たけみ》理事長から、「ブログを始めてみませんか？」と勧められた。

二条さんは、何となく『高齢ひきこもり』というタイトルが頭に浮かんだ。ブログは、エッセー形式で綴り始めた。すでに記事の本数は、750本に及ぶ。原稿用紙1500枚分だ。

この間、読者とは文通でやりとりを続けてきたが、限界を感じた。ブログを読んで「二条さんに会ってみたい」という要望も多かった。そこで、2018年1月から実験的に始めたのが、面会による恋愛相談だった。

面会を希望するのは、ひきこもる当事者だけでなく、会社員もいる。恋愛と関係なく「二条さんの話を聞きたい」という人もいた。そんな読者からの相談の時間をつくるため、ブログでは「女性読者のみなさんへ」というタイトルで「恋愛相談してみませんか」と呼びかけている。相談は、女性及び親の立場限定で、面会が1時間3000円。文通が1通1000円だ。

ひきこもりかどうかとか障害の有無とかに関係なく、それぞれが自分を必要としてくれるつながりの中で、幸せに生きていければいい。二条さんは就労しなくても、社会から回避せざるを得なかった過去を乗り越え、こうして自分らしい新たな生き方を実践している。

第5章

支援は家族を救えるのか

勇気を出しても届かない声

第4章で取り上げたように、歪んだ社会構造ゆえ、知人や周囲の目を気にするあまりに子どもを隠し、なかなか支援につながることができない家族が大勢いる。その一方で、世間の目線を振り切って、勇気を出してせっかく声を上げたのに、適切な支援につながることができない現実もある。

従来の「ひきこもり支援」の立てつけは、「子ども若者」「就労支援」の看板のもと、年齢の上限で線引きされたり、就労目的に合致しなかったりした対象者には「対応できない」と冷たくあしらわれることもあり、なじめない当事者たちが数多く取りこぼされてきた。上から目線で的外れなアドバイスをされることが繰り返され、支援トラウマになり、他人と関わること自体をあきらめてしまって、結果として命を失ってしまうこともある。

なぜ、このような状況になっているのか。「ひきこもり支援」に、何が必要とされているのか。これからの私たちの社会は、どう変わるべきなのか。

やっとの思いで勇気を出して声を上げ、前に踏み出そうと思っても、相談窓口で冷たくあしらわれ、あるいはその場しのぎの対応で傷つけられる。親が相談に行ったら、相談員から「育て方が悪い」「なんでここまで放置していたの?」と責められ、傷つけられて「相談するのが怖い」「2度と行きたくなくなった」と支援をあきらめた――そう明かす親たちの声は、2019年3月に開催されたKHJ家族会主催の「8050問題」シンポジウムでも報告されている。

10年前に窓口があったら……

都内の一軒家に住む野島悦子《のじまえつこ》さん(仮名=75歳)も、そんな対応をされた当事者家族の1人だ。

「もし10年前、相談に乗ってくれる窓口があったなら、状況は今とは少し違っていたかもしれないのに……」

悦子さんは、公的機関に相談に行った当時を振り返って、こう嘆く。

悦子さんは今、自宅で50歳になる長男幹夫《みきお》さん(仮名)と二人暮らしをしている。幹夫さんは20年以上、自宅にひきこもっている状態だ。

幹夫さんは、高校までは順調に進学。大学は第1志望とまではいかなかったが、何とか進学した。しかし、幹夫さんは4年生のときに留年をする。当時はバブル絶頂期。幹夫さんはリクルートスーツを買い、部屋には企業の資料の入った段ボール箱が、何箱も置いてあった。てっきり悦子さんは、幹夫さんがどこかしらの会社には就職するものだと思っていた。

幹夫さんは、採用試験の面接にも出かけていた。今から振り返れば、留年していて卒業できないことはわかっていたわけだから、親を安心させるために面接に行っていたのかもしれないと、悦子さんは言う。

結局、１年留年した後に大学を卒業したものの、幹夫さんは就職することはなく、父親の仕事を手伝った。自営のお手伝いの仕事は数年くらい続いたが、バブルの崩壊後、父の会社は倒産。それを機に、幹夫さんは一般の会社に入社した。しかし、仕事が長続きしないまま、社会とのつながりを切り、今もひきこもる生活を続けている。

「39歳までしか受け付けていません」

「人間関係がうまくいかなかった」

当時、幹夫さんは、そうこぼした。悦子さんは、幹夫さんが仕事で失敗したことを職場で激しく叱られ、自信がなくなったのではないかと推測する。

悦子さんは、幹夫さんが40歳になった頃、東京都が主催する「ひきこもり講演会」の告知を新聞で見つけた。仕事に就かないまま40代になった息子の将来に焦りを感じていた悦子さんは、「話を聞いてみたい」と思い、勇気を出して講演会の告知に記されていた問い合わせ先に電話してみた。すると、驚くようなリアクションが担当者から返ってきた。なんと、「39歳までしか受け付けていないので、講演を聞くことはできません」と断られたというのである。

それでも悦子さんはなんとか解決の糸口を見つけようとして、「うちみたいなのは、どこに相談に行ったらいいんですか?」と食い下がった。

だが、対応した職員は「○○（地名）のほうに行けば、民間の支援施設があるかもしれません……」などと、よくわからない曖昧な答え方をするばかりで、具体的な名称も電話番号も教えてくれなかったという。

ちなみに、教えられた地名には、たしかに民間のひきこもり支援団体があった。39歳まではなら無料で支援のサービスを受け付ける一方で、40歳以上には支援メニューがなく、有料の民間業者の曖昧な情報を得るだけという、同じ「ひきこもり」状態を年齢で線引きして支援対象を排除する対応が、当時は行われていたことになる。

結局、悦子さんと幹夫さんは、ひきこもりに関する話を聞くことができないまま、手がかりを得られず、相談することをあきらめた。こうして深刻な家族ほど公的支援から取りこぼされていくところに、「8050問題」の本質がある。

幹夫さんには何らかの障害や精神疾患が隠れている可能性はあるものの、幹夫さん自身が受診を嫌がるため、本当のところはわからない。このあたりも何らかの支援につながっていれば、状況が変わっていた可能性も高い。

悦子さんの夫は数年前に亡くなり、年金でなんとか暮らしをつないでいる日々。

「都の対応は遅すぎます」と悦子さんは憤る。

当事者たちのロビー活動で変化も

ちなみに、東京都は2019年4月から、ひきこもり支援の年齢制限が撤廃され、現在は、15歳以上なら何歳でも相談を受け付けている。また、支援担当部署も、従来の「青少年・治安対策本部」から、本来の福祉保健部署が担当することになった。

第6章でも詳しく説明するが、ひきこもり支援の施策を構築する協議会も、若者就労系の支援者と専門家だけの「青少年問題協議会」から、新たに「東京都ひきこもりに係る支援協議会」が発足。ひきこもり当事者団体のＵＸ会議やＫＨＪ家族会からも委員が選ばれて、２０１９年9月に第1回会議が開かれた。

この対応の変化の背景には、これから「８０５０問題」に向き合っていかなければいけない時代になったこともちろんあるが、２０１８年7月頃から、都内の複数のひきこもり当事者グループや家族会が小池百合子《こいけゆりこ》都知事あてに要望書を提出するなど、当事者たちが都庁や議会でロビー活動を続けてきた結果、都の組織を動かすことにつながったと言える。２０２０年の東京オリンピック・パラリンピックを控え、世界が注目する首都・東京都で、ひきこもり支援の窓口が、２０１８年度までの若者就労支援中心の部署から、当事者のヒアリングを基本に施策を構築していく本来の福祉部署に代わった意義は、とても大きい。

無理やり引き出す「暴力的支援」

さて、公的な支援を頼ることができないとわかり、早くどうにかしなければと焦った家族が、いわゆる「暴力的支援」とされる業者に依頼をしてしまうケースが続出している。

「暴力的支援」とは、本人の意思を無視して、本人が望んでいない「支援」を押しつける行為全般のことだ。対象者を無理やり自宅から連れ出すことから、「引き出し屋」とも言われるが、相手に暴力を振るっていなくても、ウソをついたり、騙《だま》したり、断れないように追い込んだりして、宿泊型の施設などに連れていく手法そのものが「暴力的」と言える。

こうした悪質な業者の特徴は「ひきこもり」や精神疾患の有無にかかわらず、対象者を支配関係に置き、心に恐怖を植えつけて、思い通りにコントロールしようとする。自由や自己決定権を奪い、事実上の監禁状態に置かれることも少なくない。

実際、そうやって連れて行かれた業者の施設などから脱走者が多発していて、人権侵害が行われているとの指摘もある。業者の元から脱走や脱出した後も、夜中に悪夢でうなされて目が覚めるなど、ＰＴＳＤ（心的外傷後ストレス障害）の症状に苦しむ人が多い。そのため、自分を売った親を一生恨み続け、家族関係は崩壊。ひきこもり状態をより強化させてしまった例もある。

半年で８００万円

家族がこうした業者と安易に契約を結んでしまうと、３カ月で５００万円、半年で７００万円～８００万円という高額を請求されることもある。

「自立支援」を謳いながら、支援プログラムやケアはまともに行われず、逆に本人が自立しようとする活動を妨害するなど、家族が事前に業者から受けた説明と大きく異なっているのが実態だ。

そのため、家族が契約を結んだ後、消費者トラブルになる事例も少なくない。筆者が把握しているだけでも、これらの業者に対して、被害者や家族から4件の訴訟が起こされている。さらに今後、複数の事例で法的措置をとる動きがあるなど、「暴力的支援」は社会問題化している。

公的な相談支援が頼りにならず、藁《わら》にもすがりたい親や家族にとっては、ほかに情報や支援メニューがないことから、こうした業者に頼らざるを得なくなるほど心が弱り、追い詰められているのも事実だ。しかし、本人のひきこもり状態の解消どころか、心を傷つける真逆の結果になりかねない。親は、違法行為に加担する加害者にもなるし、被害者にもなることを知っておく必要がある。

再び注目を集める引き出し業者

メディアの中には、「勧善懲悪ストーリー」の仕立てに乗せられて、〝支援〟と称する悪質業者を宣伝したり、「支援の専門家」として取り上げたりしているものもある。しかし、悪質業者をメディアで取り上げるという行為は、支援業者の「紹介したい事例」の宣伝に加担することにもなる。そのストーリーの裏には、メディアに売られる当事者たちがいて、新たな被害が起きかねない。

「ひきこもり」報道に関して大事なことを言えば、これまでの「レガシーメディア」がよくやるように、てっとり早く記事や番組を取りまとめたいと思って表向き活動している人に貼りつけば、ＰＲと引き換えの記事が効率よく書けるだろう。しかし、最先端の情報は出てこない。これは長年、取材をし続けている者としての実感である。

参考までに、把握している限り、一連の事件以降、ひきこもり当事者グループの中には、メディアに同じ当事者を売るような事例は１つもなかった。

言語化すらできていない人たちの話をじっくり聞いていると、炙《あぶ》り出されるように社会が見えてくることがある。その中から、課題を構築していかないと本質的な取材はできないし、社会を動かすこともないだろう。メディアで「ひきこもり事例」を取り上げたいのであれば、そうやって面倒くささを積み重ねていくほうが、実はいちばんの近道なのである。

2019年5月には、ひきこもり当事者たちが結成した「暴力的『ひきこもり支援』施設問題を考える会」から、メディアがそうした業者の「勧善懲悪のストーリー」に乗ることがないように、「報道ガイドライン」と「ひきこもり当事者の権利宣言」作成のための協議の場を求める要望書が、KHJ家族会宛てに届いた。

さらに、第2章で取り上げた川崎通り魔殺傷事件の後、「ひきこもり」絡みの報道が過熱。こうした業者が再び注目を集めて有識者としてメディアに出たり、家族の元に「3カ月でひきこもりを解決させます」などと勧誘してきたり、営業活動を活発化させているとの報告もある。そこで、同家族会では、それらの方向も受けて、悪質業者の手口を把握するために、情報収集のための「暴力的支援に関するプロジェクト」を発足させている。

親の心理につけ込む業者が野放しに

2019年6月に開かれた同家族会の全国支部長会議では、本人と親双方の被害体験者を招いて、情報共有のための報告会を行った。

まず、大手企業の社員だった秋山隆幸《あきやまたかゆき》さん（仮名）が体験談を話した。秋山さんは、「ひきこもり」ではなかったが、就職できない状態が続いた。ある日突然、一人暮らしをしていた部屋のドアが勝手に開けられた。「福祉の職員」だと名乗る男性に鍵を開錠され、私物も持たされずに無理やり連れていかれた。

その後、何とか脱走したものの、本人は「人権のない扱い」に、恐怖は消えず、今でも毎晩、連れ去られる夢を見るという。

次に、息子に暴力を振るわれた母親は、警察から「施設を探してください」と言われ、ネットで見つけた業者と契約。業者のホームページに民放局の番組が載っていたので安心したという。「医療機関で診察もできるし、息子さんをいい方向に自立させます」と言われた。「おかしい」と気がついたのは、息子から「ここはおかしい」と連絡が来たためだ。法外な料金を取りながら、食事も粗末でジュース1つ買ってもらえない。最初の説明と違い、人を人として扱わず、対応がずさんだった。

親は、練馬の事件のように追い詰められている。こうした心理につけ込んでくる業者への規制がなく、野放しになっていることに憤りを感じたという。

こうした公的支援に取りこぼされた人々の焦りや不安、心のすきまを狙う悪質な業者は、全国にどのくらい存在しているのか、法規制の対象外のために責任の所在も明確でなく、どこも把握できていない。このような悪質業者を利用せざるを得ない家族が増えないよう、公的支援の充実が必要なのである。

「就労しやすそうな人」が優先される

そもそも、これまで国の「ひきこもり支援」は、内閣府の「子ども・若者育成支援推進法」を法的根拠にしてきた。

若者という定義上、当初の支援対象者は34歳までだったが、その後39歳に引き上げられた。

これまでも述べてきたように、法的な理由だけでなく、従来のひきこもり支援の枠組みは、あくまで「就労」がゴールとされていたため、40歳以上を支援の対象に入れても「就労につなげにくい」「事業効果が出づらい」……そんな支援者側の思惑もあったと聞いている。

たとえば、40歳未満が対象の支援として、働くことに悩みを持った若者向けの支援機関である地域若者サポートステーション（サポステ）がある。厚生労働省が委託したＮＰＯ法人や民間企業が運営し、専門のスタッフが相談に乗ったり、コミュニケーション訓練などを施したりする施設だが、支援対象者の定義が曖昧で、以前は「ひきこもり」状態の人も含まれていた。

しかし、サポステの対象年齢は従来、40歳未満だったため、40歳以上の人が窓口に行くと「あなたは支援の対象ではない」と冷遇されてハローワークを勧められるか、あるいは「精神科へ行かれたらどうですか？」などと医療機関に誘導される——というのが、これまで当事者たちから聞かされてきた実態だった。

さらにサポステの相談窓口では、年齢だけではなく、相談者が就労に近そうか、遠そうか、という点においても選別されるようなところもあったという。これは、そもそもの国のつくった仕組みに問題がある。

サポステ事業は単年度契約でＮＰＯ法人や民間企業などが受託する形になっていて、次の年度に向けて契約を更新できるかどうかは、「就労率」などの「実績」が基準の１つだった。「就労率」とは、サポステ利用者の中から期限内にどれだけ就労者を生みだしたかを示したもので、運営事業者にとってはノルマのような扱いになっている。

その結果、就労率が少しでも高くなるようにと就労に近そうな人たちばかりを受け入れてきた支援機関は、スムーズに契約が更新される一方で、当事者たちとの関係性を大事にし、居場所などをつくって時間をかけた丁寧な取り組みをしてきた支援機関は更新されなくなるという、本来の支援の趣旨とは矛盾する実態になってしまった。

「就労しても、生きづらさは変わらない」

ＫＨＪ家族会の調査によると、40歳以上で10年以上ひきこもっている人の７割以上は、就労経験者だ。第１章で述べたように、内閣府の40歳以上のひきこもり実態調査でも、同じような結果が公表された。

「就労してもゴールではない」「就労しても、生きづらさは変わらない」

こうした声は、筆者が「ひきこもり」状態の当事者たちとの対話を通じて、彼らから繰り返し聞いてきた言葉である。このように、過去の就労で傷つき、トラウマのような身体反応を示す「ひきこもり」状態の当事者にとっては、一旦就労しても長続きせず、すぐに辞めてしまう人も少なくない。

しかし、従来の「ひきこもり支援」は、就労系の関係機関を中心に「ひきこもりから就労してもらうには、まず社会に適応できなければいけない」といった「社会に適合させるための訓練」に重きが置かれていたのだ。

「これまでの支援は、ひきこもりじゃない一般の人が受けても、耐えられないものだったと思う」

いみじくも、あるひきこもり当事者は、そう表現した。

働きづらさの要因を何も解決できていないのに、「期限内に職場に押し戻そう」という目的のサポステ事業の設計そのものが、馴染《なじ》まなかったのである。

中には、藁にもすがる思いで家を飛び出して、施設にたどり着き、やっぱり他人と話すのがこわくて家に帰って……というのを何度も繰り返して、ようやく相談窓口にたどり着く人もいる。

そんな思いをしてやっとつながることができた担当者から、「あなたは支援の対象ではない」と冷たく突き放され、たらい回しにされたあげく、なんの支援にもつながることができなかったとしたら……。

そんな目にあって深く傷つき、社会に戻ることをあきらめ、再びひきこもっていく人も少なくない。こうした状況が、ひきこもりの長期高齢化を招いてきた一因だ。さきほどの野島悦子さん幹夫さんも、同じような状況だ。

社会に無理やり適合させる訓練は意味がない

これまで述べてきたように、国のひきこもり支援のゴールはあくまでも「就労」であって、社会に無理やり適合させるための訓練が主体のものだ。そんな支援はそもそも「ひきこもり」という心の特性には馴染まない。

一言で「ひきこもり」といっても、一律の状態ではなく、その背景も状況も一人ひとり違う。ただ、ひきこもる心性で共通している傾向として、真面目で心優しい人が多く、カンがいい。相手の気持ちがわかり過ぎてしまい、気遣いし過ぎて疲れてしまう。誰かに何かを頼まれると断ることができずに、後悔してしまうことなどが挙げられる。

ひきこもる行為とは、それまでずっと頑張ってきたものの、命や尊厳の危機を感じて、自分の価値観を守るための回避であって、自死ではなく生き続ける道としての選択肢であることを理解する必要がある。

必要なのは安心できる〝受け皿〟

その後、国のひきこもり支援の法的根拠は、主に39歳までを支援対象にしてきた内閣府の「子ども・若者育成支援推進法」から、２０１５年４月に施行された「生活困窮者自立支援法」に代わり、大きな転換点を迎える。すべての基礎自治体に設置されている生活困窮者向けの相談窓口の中に「ひきこもり相談」が含まれることになったのだ。

同法の相談窓口では、ひきこもり状態にある人に対して、年齢や状態などで線引きすることなく、ワンストップ型の「断らない相談支援」を行っていくことが新たな国の理念となった。一方、サポステでは、今後「ひきこもりは扱わない」という指示も出されたという。

ただ、多くの自治体では、つなぐ先の社会資源や対応ノウハウなど、情報共有が十分されていないのが実情だ。たとえば、ひきこもる本人や家族の話は傾聴してくれるものの、聞くだけで終わることも多く、その後、どうしたらいいかがわからない。地方の現場では、連携している資源もノウハウもなく、結局はハローワークやサポステを紹介されるだけということも少なくない。

各自治体に求められているのは、ひきこもる人や家族が安心して相談できる受け皿をいかに用意するか。また、地域に眠る資源を掘り起こし、情報や人の集積するプラットフォームを通じて、人や資源と関係性をつくっていけるかにかかっている。そのためには、地域の人たちが「ひきこもる人の気持ち」などへの理解や、窓口につくスタッフの育成・研修も必要になるだろう。

支援の途絶によって起きた悲劇

第3章で紹介した、横浜市で母親の遺体を放置したとして逮捕された当時49歳の男性の場合は、一度は支援につながりかけたにもかかわらず、支援が途絶してしまったケースだ。もう一度、筆者の直接取材や情報開示請求に基づいた事実関係を整理する。

当時49歳だった長男である男性は、他人としゃべることができず、40年ほど、ひきこもり状態だった。子どもの頃から「緘黙症の疑い」があると言われていた。

母親は、自分が亡くなった後の長男の生活を心配し、横浜市に相談するも、年齢を理由に支援を断られる。その後、区の健康相談に訪れ、2015年4月からは、月に1度訪問看護の支援を受けることになった。しかし、2018年2月、母親からの申し出により、訪問看護は終了してしまった。

2017年3月には、長男の障害年金の申請のために年金係を訪れるも、申請がなされなかった。結局、障害年金の申請は放置されたまま、母親は死亡してしまった。

なぜ、高齢・障害支援課と保険年金課、2つの課が一度は関わりを持っていたにもかかわらず、支援は途絶してしまったのか？

２０１８年2月、明確な理由は明らかになっていないが、母親のほうから「とくに長男の様子が変わらないため、往診を終了させたい」と申し出があり、往診は終了した。クリニックいわく、母親は経済的な負担を気にしていたのではないかという。

高齢・障害支援課の記録によれば、その後、２０１８年4月に「往診の再開をしないか？」と、母親に電話をかけるも、母親から「もう来ないでほしい」と断られてしまったとある。以降も何度か、電話をかけているが、呼び出し音が鳴るだけで応答はなかったという。そして、母親の遺体が発見されるまで、とくに何かをした記録はされていなかった。

母親が電話に出ないのであれば、何か異変を感じとることはできなかったのか？　なぜそこで、支援を途絶させてしまったのか？

なぜ障害年金は申請されなかったのか

一方、障害年金の申請についても、不可解な形で終わってしまっている。

母親は２０１７年3月の来庁時、保険年金課のほうから申立書と診断書などの必要書類を渡され、それらに記入をするなどの準備をしたうえで、次回来庁時に障害年金の申請をする予定だった。

障害年金は、理論上で言えば、自分だけでも申請することは可能だが、制度の仕組みが非常に複雑なため、必要書類の記入方法一つとっても、とても難易度が高い。慣れていない人が、自力で申請すると、年金が支給されないケースなども多々あることから、専門家である社会保険労務士（社労士）に依頼して、代理で申請してもらう人も多い。

母親も、ケースワーカーの勧めにより、社労士に依頼をし、書類の記入などをしてもらい、申請を進める予定だった。

その後、5月には担当のケースワーカーが異動になり、新しいケースワーカーが着任している。そして、6月には主治医が記入した診断書を往診時に手渡される予定だった。それが、なぜか手渡されることはなかった。

記録上では、新ケースワーカーが着任して1カ月後の6月に、ケースワーカーが社労士に1度「連絡をとっている」と記されている。ところが、その後の数カ月間、何か手続きを進めたような記録はなかった。

再び記録が確認できるのは、4カ月後の2017年10月である。ケースワーカーから「担当していた社労士が死亡してしまったため、書類一式などすべてどこかにいってしまい、手続きをすることができない」という相談の電話が保険年金課にあったと記されている。

保険年金課は、診断書の再取得が必要なことや、「申立書の記入は社労士でなくても可能なこと」などを伝え、ケースワーカーは「母親と連絡を取って、再度相談に訪れる」と答えた記録が残っている。しかし、その後の記録はぷっつりと途絶えており、事件発覚の２０１８年11月まで、障害年金の申請がなされることはなかった。

支援が途絶えなければ事件は起きなかった

ケースワーカーと母親の間に、どんなやりとりがあったのか、どのような相談がなされていたのか、詳細は明らかにはなっていない。

しかし、母親にとって障害年金というのは、自分の亡き後の長男の生活を保障する、唯一の希望であったに違いない。

その希望が絶たれてしまったことにより、傷つき、不安をかかえたまま、亡くなってしまったのではないか。もしも、そのままスムーズに障害年金の申請ができていれば、長男が遺体放置で逮捕されることもなかっただろう。

支援が途絶えたことによって、この事件は起こってしまったとも言える。

障害者でもない65歳以上でもない人は助けてもらえない

年金、その他の収入があったり、持ち家であったり、働き盛りの世代の子と同居していたりすると、制度上、生活に問題がないとみなされ、生活困窮者自立支援法の支援対象外になってしまうことがある。そうして最後の砦《とりで》である行政との関わりも断絶されてしまうと、結果的に最悪の事態になってしまいかねない。

「私たちがいつも感じるのは、はっきり障害認定をされずに働くことができない65歳未満の方たちを、行政（制度）は何も助けてくれない、ということです」

「行政は冷淡です。目の前に自力では解決できない問題を抱えた人がいるのに、どうして放置できるのか、といつも怒りを覚えます」

福祉の現場で働く支援者からは、そんなメールも頂いた。

「８０５０問題」を語るうえで、単に「縦割りではなくヨコの連携が必要」とか、「フォーマル支援とインフォーマル支援の併用を」という言説だけでは不十分で、深刻な孤立家族の元に支援は届かず、救うことはできない。障害認定が受けられず、介護サービスを受けられる65歳以上の高齢者でもなく孤立しているところに「ひきこもり」という状態の特徴がある。つまり、孤立した「８０５０家族」を支援する法律・制度が存在しないことに、重大な問題がある。現場の熱意のある支援者が困窮家族を放っておけないと感じていても、制度や法律が整備されないため、ボランティアで余計な仕事として引き受けざるを得ないのだ。

「つながりの貧困」が命の危機に

ＫＨＪ家族会の調査によれば、本人の42％、家族の45％は「支援が継続しなかった」と答えている。一度支援につながったにもかかわらず、それが途絶してしまえば、「相談したのに助けてもらえなかった」と傷つき、諦めたり問題を抱え込んだりして、孤立のリスクはさらに高まってしまう。

繰り返しになるが、支援の途絶に関する問題点を整理してみると、以下の通りだ。

① 経済的困窮があるかどうかだけで判断される
② 障害認定を受けられない、40歳～64歳に対応する法律がない

③　各自治体の「ひきこもり支援」を検索すると、いまだに「若者」「青少年」「就労が目的」のオンパレード

①は、先の事件と同様、経済的な困窮で見てしまうと、「生活に問題ない」と判断されて、支援対象から見落とされやすい。重要なのは、経済的な困窮ではなく、つながり（関係性）の貧困である。つながっている人がいない、支援してくれる人がいない、相談できる相手がいない……。これまで述べてきたように、孤立する「８０５０家族」の背景にあるのは、「恥ずかしいから」「人様に迷惑をかけたくないから」という心理だ。少し声をかけたくらいでは「大丈夫です」と答えて、困りごとを隠そうとする。しかし、つながりがあるかどうかの観点で見なければ、命を失いかねない。

③は、いわゆる「青少年」「若者」などの看板問題である。本人や家族が何とか事態を好転させようと、ネットなどで調べていても、40歳前後の本人や家族からすれば、「自分たちは対象外だ」と相談を躊躇し、社会から遮断されるように感じて、希望を失ってしまう。外とつながろうとするきっかけを探っているのに、その気持ちが打ち砕かれてしまうのだ。結果として、自らひきこもっているのではなく、社会によって、ひきこもらされて

いることになる。

一度、支援につながった当事者たちは、最初から諦めていたわけではない。どうにかしようと一度はアクションを起こしている。希望をもって、どうにかしようと動いていたにもかかわらず、行政や法律の問題で、その気持ちが壊され、さらに心を閉ざしてしまう。

前述したように、家族が勇気をもって相談にいったのに、窓口で「育て方が悪い」とか「どうしてここまで放置したの?」などと言われることもある。こんな風に言われれば、相談すること自体がトラウマになって、二度と支援に頼ろうとしなくなっても不思議ではない。これにかんしては、法律や制度以前に、相談を受ける側のコミュニケーションの問題だ。困っている人が話しやすい関係づくりを徹底するべきだ。

「見捨てられていない」と思えることが大事

では、支援の関係性が途切れてしまった、あるいは壊れてしまったとき、現場はどう対応すればいいのか?

支援は、本人の気持ちをいちばんに優先すべきだが、命の危機を回避する必要がある。まずは一番に本人の生存を確認することが大事だ。直接訪問する方法もあるが、少し距離のあるところから、たとえば本人がよく立ち寄っているような場所に「最近来られてますか」と尋ねたりして、間接的に確認できる場合はそうしたほうがよいケースもある。

あとは、家族に対して、責めたり強要したりせず、体調や生活上のことなど「何か困ったことはないか」と声かけをしたり、断られたり面会ができなかったりしたとしても、繰り返し訪問したりすることも大切だ。

「見捨てられていない」「外とのつながりがある」と本人や家族が少しでも感じてくれれば、それが一筋の希望の光となる可能性もある。

優秀な職員がいても、救えない命

支援システムが構築されなくても、従来の制度のままでも、今日のような事態に柔軟に対応して取りこぼさない支援を実践している自治体やケースワーカーもいる。

たとえば、有名なのは、さきほど紹介した「８０５０問題」という言葉の生みの親である勝部麗子さんが所属している大阪市豊中市の社会福祉協議会。２０１５年から、全世帯を家庭訪問し、困っている世帯がないかを把握する取り組みを行っている。

当事者たちの対話の場IORIや、ひきこもり当事者たち自らが社会に向けて発信している「ひきこもり大学」などのイベントにも、生活保護以外のセーフティネットについて助言してくれたり、当事者家族交流会の呼びかけに応じて参加してくれたりしている支援者も多い。

しかし、彼らがどんなに意識を高く持って行動していても、個人ができる範囲には限界がある。事態に気がついた自治体の職員がどうにかできないかと動いていたにもかかわらず、適切な支援システムが構築されていないがために、命を落としてしまったケースがある。

何度も訪問するも、衰弱死

２０１９年８月１日、ＮＨＫの『クローズアップ現代＋』で「〝ひきこもり死〟〜中高年親亡きあとの現実〜」という特集が組まれ、筆者もゲストスピーカーとしてスタジオ出演した。

そのときＶＴＲで取り上げられていたのは、市の生活福祉課自立支援担当職員が、当時56歳の親亡き後の孤立男性を救おうと、何度も自宅を訪ねたものの、「崩れ方が足りない」という理由で助けられなかったという現場のジレンマだった。

番組に登場する男性は、すでに両親を亡くし、一人暮らし。身体はやせ細り、著しく体力も落ちていた。市の職員は男性の存在を知った1カ月前から毎日、自宅を訪問し、食料を渡したりして、何とか病院につれていこうと説得を続けていた。テレビカメラが入ったこの日も、職員は「生活を立て直すために、もう一度入院しよう」と必死に男性に語り掛ける。

職員が「このままでは死んじゃうから」と命の危険を訴えても、男性はあくまでも「自分で何とかしたい」と拒む。この日も「そんなに急がなきゃいけないんですかね」と、病院に行くことはなかった。職員は、保健所職員を男性宅に呼んだものの、「本人の意思がなければ強制的に病院に連れていくことはできない」と告げられる。

テレビカメラが入った日の訪問から10日後、男性は亡くなった。訪問した職員が、男性の姿が見えないことを不審に思って、警察に通報し、死亡を確認。死因は栄養失調による衰弱死だった。職員が男性の存在を把握してから1カ月半後の出来事である。

父親はガン、母親は認知症に

亡くなった男性には、弟がいて、「ひきこもり死の実態を知ってほしい」と、カメラの前で、兄である男性の生活やそれに対する思いについて、赤裸々に語っていた。

弟は、11年前に両親が亡くなったことをきっかけに家を出ることになり、その後、結婚。兄とはしばらくの間、疎遠になってしまった。

弟によると、男性に変化が訪れたのは高校卒業後のこと。大学受験をするも失敗し、浪人。その後、様々な職業に就いたが、どれも長続きせず、だんだんとひきこもるようになった。

その間の生活は、年金暮らしの両親が支えていた。父親は、息子の将来を案じるが故に、就職しないことを何度も咎め、次第に親子の関係は悪化していった。そのうち男性は、昼夜逆転した生活をするようになり、家族とも話さなくなった。同時に精神のバランスも崩していた。そんな生活が続き、父親はガンを患い、母親は認知症になった。

父親が長年書き続けていたという日記には、こんな文章が記されていた。

〝このまま家庭を残して死んでいくのは、心残りもいいところだ。〟

〝小生がまだ少しは動けるから買物等も出来るが、小生が動けなくなったら我が家、どうなるんだろう。〟

保健所と地域包括支援センターに相談してもダメだった

実は、弟は兄を心配し、無理にでも入院させることはできないか、保健所に相談に行っていた。医師にも訪問してもらったが、入院の対象ではないと告げられる。「本人に入院する意思がない以上、行政の命令で入院させることはできない。強制的な入院が必要なレベルには達していない」と説明され、弟は「諦めの境地」に陥ってしまったと語る。

さらに弟は、保健所のほかに、地域包括支援センターにも相談に行っていた。

弟は、認知症の母親に介護を受けさせたいという相談とともに、ひきこもりの兄についても相談した。しかし、地域包括支援センターの支援対象者は65歳以上の高齢者。地域包括支援センターの職員は、まずは母親に支援を受けてもらいながら、男性と接点を持ち、どのように支援をしていけるのかを探ろうと考えていた。しかし、支援を開始する前に母親が死亡。父親もその2カ月後に死亡してしまったため、地域包括支援センターとして関わりをもつことができなくなってしまったのだ。

番組では、地域包括支援センターの職員が「どこかにつないでおくのが大事だが、つなぐ先が現状では充実していない」と明かす。

番組の最後、市の職員は、地域包括支援センターへの連携を提案。地域包括支援センターのスタッフが、介護の現場で出会ったひきこもり当事者たちの存在を生活福祉課に知らせる。早期に接点を持つことができれば、衰弱死した男性のようになる前に、何か打つ手があったかもしれないという。

職員は番組で、こう訴えた。

「お互いに情報提供のハードルを越えて、受け皿もつくって、そういう人たちを訪問しないと、死んでしまう。なんとかこれを構築していかないといけない」

支援につながる仕組みが確立されていない

このように番組で紹介されたケースでは、市役所の職員も、地域包括支援センターの職員も、当事者の弟も、それぞれが男性をどうにか助けられないかと動いていた。それぞれが関わろうとしていたのに、なぜ救えなかったのか。

周りが声を上げ、ひきこもり当事者や孤立した家族が発見されたとしても、どうすることもできないケースは少なくない。なぜなら、番組のスタジオでも話したように、ひきこもり支援につなげる仕組みが自治体で確立されていないことが挙げられる。多くの自治体は、縦割りになっていて、情報が共有されていないのだ。

筆者も、地域包括支援センターの研修などに講師として呼ばれることがあるが、そこに出席しているケアマネージャーたちのほとんどは、ひきこもり当事者や「８０５０問題」を抱えた家庭を担当していた。

ところが、自治体の現場の人たちは、そもそも「ひきこもり」という状態がどういうことなのか、本人たちの気持ちや特性を理解していないことが多く、「どこにつなげたらいいのかわからない」という話がたくさん出てくる。

こうした「８０５０家族」にアプローチするとしたら、本人に働いて自立を求めることではなく、現在ひきこもった状態であっても、まずは生きていける、生活を支えていけるように、サポートしていくことが大事だ。

また、自宅にこもっている本人に面会するのが難しい場合、高齢の親や家族への支援が必要になる。ひきこもる本人にとっては、高齢の親や家族が唯一、社会とつながる窓口であるため、共倒れにならないようにケアしていくことが大切だ。周囲は、親が子を責めて追いつめないよう、親の愚痴を聞いてあげることも重要になる。

〝親の死後〟の事件が3年で70件

さらに、番組で話したように、本人が助けてもらうことを拒んで同意しない場合はどうすればいいのか——という観点についても取り上げられた。

これは、法的に本人の意思を尊重することが大前提になるが、このまま放っておいたら、死んでしまう。そんな命の危険が明らかなのに、本人の同意がない場合、どうやって救えばいいのか？という問題だ。

法や制度がまだ確立されていないため、本人の意思を無視して連れ出す〝暴力的支援〟にもつながり、これから議論はしていかなければいけない。しかし、本人たちは、生きていていいのか？社会に存在してはいけないのではないか？という価値観を信じ込まされているため、〝緩やかな死〟を選択してしまっている場合もある。そういうケースを考えて、命を最優先で救急車を呼ぶとか、救助するといった法律や制度に基づく選択肢をつくることも、現場にいる人たちには必要なのではないかという話もした。

番組では、親の死後、残された子が衰弱死したり、自殺したり、また親の死を届け出ずに、罪に問われたりするケースが、この3年間に、少なくとも70件以上に上ったという衝撃的な実態も明らかにしていた。

20年近くひきこもり続けてきた61歳の男性は、93歳の父親と二人暮らしをしてきたが、その父親が死亡。そのまま1カ月以上、父の遺体とともに暮らし続け、自宅で衰弱しているところを、地域住民から連絡を受けた自治体の職員によって発見された。男性は、救急車で搬送されたため、命が助かったという。

男性は、カメラにこう答えた。

「助けてくれという心理があったら、もっと早く何とかなっていただろう」

どうして「助けて」という心理にならなかったのか。

筆者は、「そういう『助けて』の心理になれるかどうかは、地域がカギを握っていて、自立できないことを責めるのではなく、日頃から『大丈夫?』などと声がけできるよう、肯定的な理解をしていくことが大事だ」という話をした。

「早く死んでくれと言われているみたい」

筆者が出会った60歳の男性も、一度勇気をもって役所に相談にいったにもかかわらず、支援システムがないばかりに孤立してしまっているうちの一人だ。

住宅街にある2階建ての家の玄関を開けると、目の前に段ボール箱などの散乱するゴミ屋敷のような風景が広がっている。清掃したくても、足に痛みを感じて、片づけることができない男性の自宅だ。

男性は、父親と母親を亡くした後、そんな両親の残してくれた家に、今は1人で暮らしている。

足の痛みで階段を上り下りするのも不自由なうえ、2階の部屋を埋め尽くすアンティークなオーディオ機器や家具、レコードなどの山に囲まれ、敷きっぱなしの布団の上で寝たきりのような状態になっている。

大学を中退後、求人広告の会社に入社して営業の仕事をした。しかし、男性は職場や人間関係になじめず、半年で辞めた後、警備会社に入った。営業の仕事は前職でコリゴリだったのに、社員になって配属された先はまた営業だった。ただ、その職場では実績を挙げ、十数年勤務し続けた。

その後、男性は先輩が独立した会社に引き抜かれて転職。ほとんどが声をかけられる形で、6つの会社の営業職を転々とした。

そして、男性が最後に仕事したのは、3年間、警備会社での工事現場の警備員だった。そもそもは内勤の仕事だったのに、「人手が足りないから」という理由で、外の警備の仕事に出された。「中の仕事をやらせてほしい」と相談したところ、会社からは「もし身体が悪いのなら辞めてほしい」と言われたという。

男性は、足に痛みが走って動けなくなり、救急車を呼んだ。足の皮が破れて中がドロドロになり、足の中に潰瘍ができていた。歳をとって、長時間立ちっぱなしの仕事をしていたことが災いしたのではないかと感じている。

「それでも生活していかなければいけないと思い、会社に日数を減らしてほしいと相談したら、退職届を渡されて、早く辞めるようにと説得されました」

男性は今、収入がない。貯金も切り崩して、とっくになくなった。役所に相談してみたが、「年齢が65歳に達していない」からと支援を断られた。「ひきこもり」というカテゴリーで相談をしても、年齢での制限や障害認定を受けていなければ、制度に乗せてもらうことができず、サポートを受けられない。

最近、民生委員から確認の電話があり、民生委員から紹介された地域包括支援センターのケアマネージャーが訪ねてきた。ただ、前掲のとおり、地域包括支援センターは高齢者の介護などのサポートをするのが本来の仕事であり、ひきこもり支援の担当ではない。

今回は、男性の「表に出られないから何とかなりませんか?」という訴えを聞き、民生委員からの紹介で無視できなかったことから地域包括支援センターが動いたようだ。

このように、多くの自治体の現場では、男性のような外に出るのが難しいひきこもり中高年者に寄り添って、生活をサポートしてくれる担当者も支援の仕組みもないのが実態だ。

男性は、こう問いかける。

「水際って、よく言われるけど、支援の制度自体が対象者の少ないレベルで設定されてるのではないかと思うんです。実は谷間の人が多いから、国が経済破綻しないようにしてるのではないか。でも、人間は生きているわけだから、人権の問題だと思います」

足の悪い男性は、ケアマネージャーが置いて行ってくれたパンフレットに載っていた民間の宅配弁当の案内を見て、一日１～２食、弁当を配達してもらっている。それでも、１食５４０円の出費がかさんでいく。

「早く死んでくれって、社会から言われてるような感じがします」

本人たちが望んで、ひきこもっているわけではない。今の日本の社会構造から、このように追いやられているというのが、当事者たちの抱く実感だ。

「SOS」を出しやすい社会に

筆者は、一番大事なのは命だと考えている。まずは生きていくための生活をどうするのか、本人や家族がこれからの生活に困りごとがあるのなら、相談相手を見つけてすればいいし、そこを支援するのが最重要課題だ。

ある当事者は筆者に、「死なないでいることに必死だった。家族のために死ぬわけにはいかない。どうやって『生きていていいんだ』と思えるのかを探していた」と話してくれた。こうやって苦しんでいる当事者に、「あなたは生きているだけでいいんだよ」と手を差し伸べる、そういう支援こそが必要とされている。

支援には本人の意思が絶対的に尊重されなければいけない。繰り返し述べてきたように、無理矢理にでも引っ張り出して医療につなげる〝暴力的支援〟みたいなものはあってはならない。だが、さきほども述べたように、ひきこもり当事者たちの中には、「自分がこれ以上長生きしたら、他人に迷惑がかかってしまう」「生きていてはいけないんじゃないだろうか」と生きるということに対して否定的に考えている人が大勢いる。命の危険性がある当事者を認知症の疑いがあるとして、医療につなげている医師もいる。命を最優先に考え、救急あるいは救助といった医師の判断に基づいた法律や制度の制定について、議論していくことも必要なのではないか。

さらに、前述したように、地域や社会全体として、「ＳＯＳ」が出しやすい空気をつくることも重要だ。「人に頼ってはいけない」「自分でなんとかしなくてはならない」という恐れの気持ちに対して、周囲の理解が必要になる。自立を求めるのではなく、「身体や生活は大丈夫？」といったちょっとした声がけをするだけで、放っておかれてないな、と本人の支えになる可能性もある。自分はそのままでいていいんだ、と思える社会をつくることが重要だ。

次章では、今、自治体、民間、当事者たちが、その居場所づくりに奮闘している姿をお伝えしたい。

コラム④ 息子を想う母が始めた「ひきこもりコミュニティラジオ」

ひきこもる子を持つ母親が、地域のFMラジオで「不登校・ひきこもり」に関する1時間番組を毎月放送し、反響を呼んでいる。

番組を制作しているのは、次男が5年にわたって「社会的ひきこもり」状態にあり、地域で「ひきこもり親の会」にも参加している岩手県北上《きたかみ》市の後藤誠子《ごとうせいこ》さん（51歳）。北上市コミュニティFM「きたかみE&Beエフエム」で毎月第4金曜日に放送している「1人じゃないから」という番組だ。

また、次男から「自分のことを説明する手間が省けるから」と、日々の活動を発信するよう勧められたのを契機に、ブログ「社会的ひきこもりのち晴れ」も綴っている。

筆者がラジオ番組に出演する後藤さんの話をダイヤモンド・オンラインで取り上げたところ、NHKの『おはよう日本』でも全国放送された。

FM番組づくりのきっかけは、親の会に参加するうちに、「ひきこもり」について「もっと世の中に知ってもらいたい」「自分にもできることがあるのではないか」と思うようになったことだという。昨年、後藤さんたちがひきこもり家族対象のイベントを開催し、身近に当事者がいて自分自身も生きづらさを感じているというシンガーソングライターの風見《かざみ》穏香《しずか》さんを北上市内に招いた際、ラジオに協力したのを契機にラジオ局のスタッフが興味を持ち、番組づくりを依頼された。

「当時、北上市では、行政も社協もひきこもり支援にほとんど協力してくれませんでしたので、自分たちでやらなければと考え、ラジオ放送を始めたのです」（後藤さん）

不登校だった後藤さんの次男は、何とか高校を卒業した後、上京して専門学校に入ったものの、途中で通えなくなった。土日でも学校に通い、最終電車で帰宅していたという。

2年ほど東京で一人暮らしをしていた。ただ、ほとんど食事をしなくて痩せ細っていたので、連れて帰ってきた。現在は週に2回、多機能型事業所に通っているという。

「『家にいて、つらくないの？』って聞くんですけど、黙ってるんです。高校は進学校だったので頑張り過ぎたのかなって思う」（後藤さん）

次男は居場所には行きたがらないものの、小学校時代からの友人がいることに、後藤さんはありがたみを感じる。

「だから、私も少し気持ちに余裕があって、周りの人たちに向けて、ひきこもりする人たちのことを知ってもらいたいという啓蒙活動ができるんだと思います」

番組では、後藤さんが１カ月の近況を話した後、共演している元当事者女性のコーナーがあり、つらかったときに励まされたり助けられたりした曲を、当時のエピソードと共に紹介していく。

ラジオはこれまでの経験から、孤立する本人たちとの親和性が高い。後藤さんも、批判的な反応が来るのかと思って身構えていたものの、リスナーはおおむね好意的だった。

「ただ学校に行かないという選択肢を選んだだけなのに、社会的なつながりも切れてしまって、それがすごくつらかった」

「自分だけだと思っていたら、他にも同じような人がいることを知って励まされた」

当事者や親からは、そんなメッセージが寄せられてくる。まさに、番組名にもなった「1人じゃないから」の思いが、ラジオを通して共有されていく。

「当事者やその保護者からのメッセージは、リアルなつらさが綴ってあるのですが、なるべく楽しい雰囲気で放送しています」（後藤さん）

番組はコミュニティFMなので、市内でしか聴けない。それなのに多くの反響があることに、後藤さんはびっくりしたという。

「北上市以外の人にも知ってもらいたいですね」

そんなリスナーの声も寄せられる。

ひきこもりというと、隠すイメージがあった。でも、それは皆が知らないからで、本当のことを知ってくれて当たり前のようになれば、もっと言えるようになるのではないかと、後藤さん自身も励まされた。

「最近、本人を手助けするよりも、周りの人たちの考え方や偏見を変えていきたいと思うようになったんです」（後藤さん）

ラジオを通じて、ひきこもり経験者や一般の関心のある人たち、学校の現職教師なども参加するようになった。一方で、知人や身内から「お母さんがそうやって外に出るから、子どもがいつまでも家にいるんじゃないか」と責められる。

そういう周りの空気があるから、本人も家族も助けてと声を上げにくくなり、身動きができなくなる。だからこそ家族が率先して、こうした「甘えてる」「頑張っていないだけ」といった価値観と闘っていかなければいけない。

後藤さんはこれから北上に、人や資源とつながるきっかけとなる居場所をつくるため、市の福祉課や社協と定期的に話し合いをしている。

「行政のひきこもり支援は、全部一緒。ひきこもりの人たちはみんなが助けを必要としているわけでもなく、助けてもらいたいわけでもない。１人の人間として扱ってもらえればそれでいい。支援と言って、ひきこもり行為を１つにくくらないでほしい」

世間では「ひきこもり」というとみんなが「家から出られない」「親と話ができない」などと一律に思われている。でも、実は一人ひとりが個性的で、できることも生き方も人によってみんな違う。

「それぞれの当事者たちの能力を活かし、家にいて仕事ができなくても、高齢者でも子どもでも誰でも参加できて、役割や仕事を望んでいる人と人材を必要としている社会がつながれるプラットフォームを、地域につくりたいと思っているんです」

ＮＨＫでも紹介された後、相談の電話や応援メッセージ、手紙などが全国から寄せられた。また、講演の依頼も来るようになったという。２０１９年10月には、筆者も家族・当事者交流会にお邪魔する（同年９月時点）。

後藤さんは今後、「笑いのたねプロジェクト」という任意団体を立ち上げて、当事者の居場所を月１回開催していく予定だ。

第6章

生きているだけでいい居場所をつくる

都の支援も「就労」から「生き方」へ

「8050問題」に見られるような、ひきこもる本人と家族を巡る背景が多様化してきた現実を受け、自治体の「ひきこもり支援」のあり方も、「就労」目的から個々の「生き方支援」へと変わりつつある。

象徴的だったのは、首都・東京都の動きだ。

東京都の小池百合子都知事は、2019年1月、「ひきこもり支援」担当部署について、従来の少年非行・犯罪対策を司る青少年・治安対策本部から、本来の部署である福祉保健局に移管することを明らかにした。

きっかけは、2018年7月末、東京都の協議会が出した「ひきこもり支援策」の具申に対して、青少年の「非行対策」と同列に論じ、支援対象を「34歳まで」に年齢制限している点などを問題視した家族会や当事者たちが、小池都知事に抗議したことから始まる。

問題となったのは、都の「青少年問題協議会」が、この年の7月にまとめた「生きづらさを抱える若者の社会的自立に向けた支援について」という意見具申だ。都の「ひきこもり施策」の骨子になるものだそうで、具申をまとめた委員は、支援団体系の専門家や都議会議員、各行政機関で構成されている。

「犯罪者予備軍ではない」と当事者らが要望

そもそも都の「ひきこもり支援」の担当は、石原慎太郎《いしはらしんたろう》都政下に発足した青少年・治安対策本部であり、支援対象者も、全国で唯一「34歳まで」の上限を設けている。

具申には、都内でひきこもり状態にある若者の人数が推計で約2万5000人という10年以上前（2007年度）の古い調査データを紹介。相談窓口である「若ナビα」や「ひきこもりサポートネット」のハブ化、支援者には若者や家族の悩みや思いを橋渡しする「代弁者」機能が不可欠などと記されている。

これに対し、都内のKHJ家族会の4支部と、都内で活動する複数のひきこもり当事者・経験者グループが、「ひきこもり等が犯罪者予備軍と受け止められたような気がしている」として、非行対策と切り離すよう求めたほか、「年齢制限を設けずに、最新の実態調査を実施してもらいたい」「ひきこもり担当を福祉部署に移管してほしい」「支援機関に代弁者機能を丸投げすることは不適切」などとして、政策決定の場に多様な当事者を加えるよう要望した。

要望書を手渡したこのときの様子は、朝日新聞のWEB版が2018年7月31日付で〈「ひきこもり支援策、高齢化反映を」家族会連合会が批判〉と報じている。

また、当時のひきこもり対策をまとめていた青少年・治安対策本部が使用していた「犯罪を見逃さない」という言葉とともに、こちらを睨んでいる顔が描かれているアイコンがあった。要望書を手渡した当事者の1人は、まるで監視されているようなそのアイコンが「怖い」と訴えた。アイコンは、その後まもなく削除されている。

効果検証もされないまま、予算の根拠に

さらに、筆者は要望書を出した別の当事者と一緒に、協議会が推す「若ナビα」や「ひきこもりサポートネット」などの継続利用者数や苦情数、効果検証について、開示請求を行った。しかし、いずれも資料は「不存在」だった。

驚くべきことに、協議会は支援策の効果の検証すらしていないのに、〈〝どんな相談にも乗ってくれる若ナビαに相談するのも一つの手だよ〟と声がけしてもらえれば、若者や家族にとって、これほど心強いことはない〉〈若者がどのような局面にあっても、若ナビαでしっかりと受け止めていくべきである〉などと、意見具申で太鼓判を押していたのである。

ちなみに、筆者と一緒に開示請求をした当事者は、手続きで出てきた当時の青少年・治安対策本部の担当職員から、「都内で活動しているのなら、ひきこもりサポートネットの若者社会参加応援事業の実施団体に認可してあげますよ」などと勧誘を受けていた。どうするのかなと見ていたら、その場でお断りしていた。

来年度予算の基礎資料となっていくものなのに、当事者や家族にヒアリングを行わず、エビデンスもない「形だけの支援」に「アドボカシー軽視[*1]」との声も上がる。それどころか、いつまでも「青少年・非行」対策の枠組みの中で、ひきこもる当事者を危険視するかのように対策を組むのでは、脅える当事者や家族をますます孤立へと追いやる。

毎日新聞は、2018年10月24日付の「だいあろ～ぐ」という人物紹介の欄で、都に要望書を出した当事者の1人、「ひきポス」編集スタッフの石井英資《いしいえいすけ》さん（36歳＝当時）を取り上げた。

石井さんは、このときのインタビューで、都がひきこもり支援を34歳までとして、就労や就学・自立だけをゴールにしているように見えるとして「ひきこもりは長期化・高齢化しており、年齢制限をなくすのが全国的な流れ」と答えている。

また、筆者は、共同通信の「識者評論」というオピニオン欄の執筆依頼を受け、このように東京都で起こっている出来事を紹介しつつ「一人ひとりの生き方支援」という題名で寄稿。各地の新聞にも掲載された。

当事者たちの働きかけで年齢制限が撤廃

一方、2018年の夏から年末にかけて、都議会では、小池知事与党の都民ファーストと公明、野党の立憲民主の3つの会派が超党派で、当事者たちと勉強会を行った。12月議会では、与野党の3会派が「ひきこもり支援は福祉部署に移管すべき」と揃《そろ》って質問。小池知事はまず、その年の12月議会で「ひきこもり支援の年齢制限の撤廃」を明らかにした。

2019年1月5日に、朝日新聞は〈青少年・治安対策本部を「都民安全対策本部」(仮称)に名称変更し、ひきこもり対策の部署などを福祉保健局や生活文化局に移す〉と報じている。

続いて、毎日新聞は2019年1月22日付夕刊の社会面トップで、〈ひきこもり支援、年齢撤廃へ　東京都方針　8050問題に対応〉という見出しを付けて報じた。さらに2019年度から〈所管を青少年政策の部局から福祉部局へ移す〉〈毎日新聞のアンケー

＊1　社会的に弱い立場の人たちの権利を擁護し、主張したりする活動のこと。

トによると、都道府県と政令市のうち9割が年齢の上限を設けておらず、都は対応が遅れていた〉と伝えた。

それでも畳み掛けるように、各当事者団体は「青少年に代わる新たな協議会を立ち上げ、当事者を委員に入れてほしい」と都に要望を繰り返した。

そして、ついに都は2019年1月25日、新年度から、ひきこもり担当を福祉部局に移すことを発表した。

その頃、青少年・治安対策の担当者から「せっかく予算を取ったのに福祉に持っていかれた」などと、恨みぶしのような電話も頂いた。電話で伝えてきた真意は、今もって謎である。

1月27日付の毎日新聞は、〈支援手探り8050問題〉の見出しを掲げ、全国の都道府県と政令指定都市を対象に行った独自の実態調査の結果を載せた。調査によると、厚労省が相談窓口として設置している「ひきこもり地域支援センター」67カ所のうち、何らかの上限年齢を設けているのは、東京都も含めて10自治体だけだったという。

また、5年以内に中高年者も含めた「ひきこもり実態調査」を行っている自治体は、15府県8政令指定都市の3割にとどまった。言うまでもないことだが、当事者の調査を行わなければ、支援策を構築していくベースにするための課題やニーズは見えてこない。

当事者や家族も協議会に参加

今回、都に立ち上がった「ひきこもりに係る支援協議会」は、ひきこもり状態にある当事者と家族が抱える悩みが、医療、介護、所得、就労など、多岐にわたっていることを踏まえ、当事者・家族の状況に応じた、切れ目のないきめ細かな支援のあり方について検討と情報共有を行うとしている。

福祉保健局地域生活支援課を所管に、ひきこもり経験者らでつくる「ひきこもりUX会議」の林恭子《はやしきょうこ》共同代表や、KHJ家族会本部の上田理香《うえだりか》事務局長が、それぞれ当事者として委員に入ったほか、中島修《なかしまおさむ》・文京学院大准教授ら社会福祉や、民生委員などの地域福祉、保健・医療、就労支援などの専門家がバランスよく名を連ね、今までとはまったく違う。

第1回協議会は、2019年9月20日に開催された。今後は、約1年間の審議を経て、2021年度予算要求に向けた来年秋の提言をめざす。小池都知事は2019年9月6日の会見で、「この課題が喫緊の部分などもあるので、来年度の予算案の中に反映すべきご意見もいただければ、速やかな対応をしていきたい」と話し、必要なら前倒しで施策を実現させる考えも示した。

ゼロからここまでもってこられたのは、当事者たちの頑張りによるものであり、大きな前進だったと言える。

国は、個々の孤立状況に応じて、お互いに支え合える社会での「生き方支援」を理念に掲げる。今、当事者たちが苦しめられている価値観を新たに再構築していくことが求められている。一人ひとりが違う価値観に触れられるプラットフォームや多様な声を発信する場、当事者たちがつくり出す対話の場づくりを、周囲は支援する必要がある。多様な居場所の選択肢を地域に用意してほしい。

2020年東京オリンピック・パラリンピックに向け、マイノリティーや弱者の人権に対する考え方が、都の国際的な評価に直結する。「ひきこもり支援」も、本人ファーストの視点で再考しなければいけない。

新たなひきこもりに係る支援協議会では、施策の検討過程で当事者不在・家族不在だったこれまでの体制を一新し、「当事者そしてご家族への支援を、より一層推進する」（小池都知事）仕組みづくりに向けた審議を進めていくことになる。

YAHOO!ニュース9月7日付の加藤順子《かとうよりこ》の記事によれば、福祉保健局の担当課長は、

「協議会の当事者や家族の枠を1つにしようという声もあったが、両方の声を聞いていくことにした」「事務局には（ひきこもり施策に関連する）各局が加わるが、青少年・治安対策本部時代の考え方を引き継ぐつもりはない」と話すなど、福祉の新たな視点で取り組むことを明らかにしている。

横浜市も複数機関での連携に前向きな姿勢

一方、第3章で述べたような親の死体遺棄事件が続発した横浜市でも、2019年9月5日、KHJ神奈川「虹の会」とKHJ横浜支部「横浜ばらの会」、県内のひきこもり経験者や支援者、家族でつくる「ひきこもり つながる・かんがえる神奈川ネットワーク」が連名で、「担当部署を健康福祉局」に移管し、「家族会・当事者会と共にネットワークづくり」を求める林文子《はやしふみこ》市長宛ての要望書を手渡した。

これに対し、市からは、「関係局区で庁内連絡会を立ち上げ、相談支援体制を充実し、本人や家族の意見を聞きながら施策を検討し、本人や家族とのネットワークづくりも検討していく」という回答があった。

9月の市議会でも、公明党の市議が中高年のひきこもり対策について質問している。

「『8050問題』もクローズアップされている中、高齢化した親から、自分が亡くなった後の子どもの生活についての相談を受けるなど、SOSも多様化している」と指摘。「解決に向けて何が課題かを分析していくことがとても重要であり、社会から孤立した状態が長期化すると、疾病や経済的困窮など様々な問題が絡み合い、日常生活が追い詰められるまで問題が表面化せず、親子共倒れのリスクが懸念される」として、「中高年のひきこもり対策を一つの契機とし、当事者や家族の意見を聞きながら社会的孤立を防ぐ取り組み」を求めた。

これに対し、林市長は「ひきこもり状態の長期化や高齢化に伴い、抱える困りごとが多様化、複雑化していて、1つの部署だけでは解決が難しい複合的な事案となっている。さらに、ひきこもり当事者の問題だけではなく、高齢化した家族に対する支援も必要となっているため、困りごとに関係する部署がそれぞれの強みを活かし、チームを展開できるよう連携するとともに、地域住民等支援機関の関係者や、その他の関係機関が連携して居場所づくり等を含めた支援ネットワークづくりを進めていきたい」などと答弁した。

「ひきこもり実態調査」状況を初めて取りまとめ

一方、厚労省も自治体のひきこもり支援について、新たな調査結果を発表している。2019年8月2日、全国の自治体が過去10年間に実施した「ひきこもり実態調査」の調査状況を、初めて取りまとめた。

それによると、全国の都道府県から市町村に至るまでの全自治体数1788カ所の中で実態調査を行っていたのは128自治体で、全体の7%だったが、そのうち調査結果を公表していたのは34%（43自治体）しかなく、66%の85自治体では非公表だったことが明らかになった。

実施自治体数の内訳を見てみると、47都道府県では、約半数の23府県で調査を行っていることがわかった。また、政令指定都市でも、全体（20市）の半数近い9市で調査を実施していた。

一方で、一般の自治体を見てみると、全国795カ所ある市・区のうち、実施していたのは64市・区で、全体に占める割合は8%。全国926町村においては、わずか3%（32町村）に過ぎなかった。

調査方法については、実施した128自治体のうち、民生委員・児童委員を通じたアンケートや聞き取りが83自治体と最も多く、全体の65％に上った。保健師、NPO、事業者経由でアンケートや聞き取りを行った方法が29自治体（23％）、無作為抽出によるアンケートが22自治体（17％）、全戸調査は5自治体（4％）だった。

調査の算定方法や調査対象である「ひきこもり状態にある者」の定義は、自治体によってまちまちだ。

課題は見えても、具体策がわからない

「8050親子」の衰弱死事件などがあり、2018年8月に調査を行った札幌市では、市内の15歳〜64歳の1万人を無作為抽出。調査票を郵送により配布し、郵送で回収する方法で行い、有効回収数は3903人だった。

定義は、内閣府に準じたものながら、きっかけが「統合失調症または身体的な病気と回答した者」、就業状態が「専業主婦・主夫、家事手伝い」などを除外している。

その結果、「ひきこもり群」の該当者数は、15歳〜39歳が18人（出現率1・25％）、40歳〜59歳が28人（同1・45％）、60歳〜64歳が21人（同4・09％）に上り、年齢層の出現率から約2万人と推計した。

長野県では2019年2月〜4月にかけて、民生委員、児童委員5040人に対するアンケート調査を実施。有効回収数は4505人で、89・4％と有効回収率が高かった。

定義は、「おおむね15歳〜64歳」で、「社会参加ができない状態であるが、時々買い物などで外出することがある者」であって、かつ「在宅での訪問診療、介護保険や障害福祉サービス等を受給している者を除く」として、該当者数は2290人に上った。

昨今、事件との因果関係の有無で議論になった神奈川県川崎市は、2018年12月から2019年1月にかけて、区役所関係部局及び医療、福祉、教育、家族会等の関連機関・団体の678カ所に対応事例の報告を求め、210カ所から有効回収している。

定義は、「15歳（中学卒業後）〜64歳で、3カ月以上、学校や仕事などに行っておらず、家族や援助者・医療者以外の人との交流がなく、主に自宅で過ごしている者」としている。該当者数は445人だった。ただし、「1機関・団体当たり10人以内」とした。

2019年8月26日に、第1回「全国ひきこもり支援基礎自治体サミット」を岡山県立大学で開催した岡山県総社《そうじゃ》市では、2016年1月〜9月、民生委員、児童委員161人と福祉委員572人に聞き取り調査を行った。定義も「義務教育修了後であって、おおむね6か月間以上、社会から孤立した状態にある」と広がりを持たせることでリスクを見つけやすくし、該当者は207人だった。

こうした調査結果の一覧を見ると、実際には実態調査を行っていても、「ひきこもり」と定義づけながら、39歳までの偏った調査しか行っていない自治体も散見され、現場での実態把握がまだ不十分であることもうかがえる。

また、66%の自治体が調査結果を非公表にしてきたのは、該当者が発見され、課題は浮き彫りになったものの、どう「ひきこもり支援」につなげて展開すればいいのか、具体的な施策がまだ見えていないという実情があるのかもしれない。

今回の実態調査の取りまとめについて、厚労省社会・援護局地域福祉課の担当者は、こうコメントする。

「都道府県では約半数の自治体が何らかの調査を実施していて、これまでも各自治体が『ひきこもり』に問題意識を持ち、施策の実施や検討の手掛かりにしていたものと推察される。『経済財政運営と改革の基本方針2019』(骨太方針2019)の『就職氷河期世代支援プログラム』では、『各都道府県等において、(支援)対象者の実態やニーズを明らかにし、その結果に基づき必要な人に支援が届く体制を構築することを目指す』とされていることから、これまでひきこもり調査を実施したことがない自治体においては、今回の取りまとめも参考に、支援体制の構築の前提として、支援対象者の実態やニーズの把握について積極的な検討をお願いしたい」

ＫＨＪ家族会や「ひきこもり当事者」グループなどは、このように埋もれた調査結果を有効に施策として活用するためにも、各自治体の支援協議会の中に委員として入り、地域共生の支援の仕組みづくりに意見を反映できるよう要望しているのである。

「働きたいけど働けない人」をサポートする仕組み

では、実際に各自治体はどのような施策を行っているのだろうか。

「ひきこもり」に特化した制度ではないものの、年齢などに関係なく、働きたいと思っているのに働けずにいる人をサポートしようと、全国で初めて「支援付就労」の条例を制定した自治体の取り組みが注目されている。

市が呼びかけた支援付就労に60社以上の企業が協力。事業がスタートした２０１７年４月から２年の間に、市民１２８人が利用し、長年ひきこもってきた人や高齢者も含め、合計56人が就労につながることができた。20代から50代が多く、就労率は約44％になる。

そんな「ユニバーサル就労の推進に関する条例」を施行したのは、静岡県富士市。ユニバーサル就労支援とは、「働きたいけれど働けずにいる人」を対象に、働けるようにサポートする仕組みのことをいう。

市では、この意味をさらに幅広い「支援付就労」に置き換え、年齢や障害者手帳の有無などに関係なく、就労ブランクが長い、ひきこもり状態にある、コミュニケーションが苦手、といった問題にもこだわらず、働きたいという意思がある人なら、働くことのできる地域づくりをしようという趣旨で始めたところが、画期的な事業だ。

「若者支援、障害者支援などの従来の法律の枠組みでは当てはまらないグレーゾーンの人たちは、既存の福祉・就労サービスが使えない。そうしたグレー層も含め、本当は働きたいのに困っている人に何かできないだろうかと考えたのです」

そう説明するのは、同市福祉こども部生活支援課の松葉剛哲上席主事。

条例制定のきっかけは、2014年に障害のある子どもを持つ「ユニバーサル就労を拡げる親の会」から約1万9000人の署名を添えた要望を受けて、市議会が党派を超えた議連（発起人・大和田《おおわだ》隆《たかし》市議＝当時）をつくったことにある。

前例が何もない中で、市が手始めに取り組んだのは、働きたい人が何でも相談できる〝よろず相談所〟のようなものだった。そのためには、従来の縦割りだった役所の庁舎内で部署を超えて、横断的に連携する検討委員会を立ち上げる必要があったという。

この委員会で、生活支援課や商業労政課、障害福祉などの各部署が提案した事業数は、当初の13事業から現在は42事業にまで拡大。市は条例の施行に併せ、ユニバーサル就労支援センターを開設した。

「制度のはざま」を埋める事業の意義

こうした制度のはざまを埋める事業を後押しするために、市が条例までつくって実施するのには大きな意味がある。

同市の条例には、第6条に「事業者の責務」として、「雇用の創出・拡大」や「一人ひとりの個性に配慮しながら働きやすい職場環境」を整備し、市の施策に協力するよう定められている。実は、この条例があることによって、市が企業に協力を強く呼びかけやすい法的根拠にもなっているというのだ。

「生活弱者の雇用に関するアンケートを取ったときは、及び腰の企業が多かった。でも、『市が条例をつくったので企業さんにもご協力いただきたい』と言うと話を聞いてくれるし、理念に対しても理解を得られるところが大きく違うんです」（同センター）

同市の「支援付就労」は、それぞれの働きづらさを一人ずつ聞いて、特性や働きづらさをアセスメントして企業に伝え、段階的に就労してもらおうという、オーダーメイドの支援だ。

対象者は、生活困窮者自立支援法の相談窓口である生活支援課や社協の相談窓口、病院の就労支援窓口などで相談した際に、既存の制度を利用できない場合、同センターに紹介される。

センターではまず、面談などによって、それぞれの人の強みや弱み、特性などをアセスメント。協力企業の職場見学にスタッフが同行したり、面接したりして、お互いが気に入れば、1～2回就労体験に入る場合もある。

採用前の〝コミューター期間〟が好評な理由

ユニークなのが、ボランティアとは区別し、職場で期間と時間を決めて「継続的に通う人」という意味のコミューター制度だ。

コミューターの期間は、長くても1週間から10日程度で、費用はかからない。ただ、雇用契約が発生しないため、労働基準監督署と相談してコミューター確認書を作成し、〝貧困ビジネス〟にならないよう配慮されている。

コミューターには、無償と有償がある。有償コミューターは、最低賃金基準には満たないものの、多少の費用が支給される。無償の場合でも、企業によっては交通費が支給されることもあるという。

お互いの合意が得られれば、コミューター期間がスタート。その後、雇用契約を結んで雇用へとつながる。

企業からは、いきなり採用するのではなく、コミューター期間にお互い知り合うことができるのがありがたいと好評だという。またセンターのスタッフは、コミューター期間中、振り返りを毎週行うほか、雇用後も三者が合意するまでの間、毎月定着支援を行っている。

市の事業に協力を表明している市内の企業は、2019年8月19日現在、116社。紙・パルプ産業の街らしく、紙の関連会社や有名菓子屋、鉄道会社などが名を連ねる。

10年ひきこもり状態でも採用に

雇用につながった利用者の中には、10年近くひきこもってきた40代の男性もいる。男性は、社会とのつながりを絶つ生活をしてきたが、「変わりたい」と思っていた。しかし、自分だけではこの状況をどうしたらよいのか、何をしたらよいのかが考えつかなかった。

そんなとき、センターの「支援付就労」という言葉を目にして、「一緒に寄り添って考えてくれる人がいれば……」と思い、一歩踏み出したという。

男性は、同センターに来る前までは、人の笑顔を見るのも嫌で人を避けてきたものの、今では「自分の存在を人に認めてもらえていることが本当に嬉しい」と話しているという。

「ご自分で就労できる方は、自分ができること、できないことをハローワークで伝えられる。言葉で伝えられない方が困っている。彼らの代弁者になって、企業側にも了解、配慮してもらい、社会から取り残されずに働く場をつくることが、支援付就労なのかなと思っています」（同センター）

〝先進自治体〟が設置した専門支援

〝「8050問題」先進自治体〟の1つと言えるのが、2017年4月に、「ひきこもり支援センター」（愛称〝ワンタッチ〟）を開設した、岡山県総社市だろう。

この〝総社モデル〟と呼ばれる取り組みは、市の後押しを受けて、社会福祉協議会の中に「ひきこもり支援センター」の専門相談員2人を配置。相談員が、電話やメール、来所、訪問で無料の相談に応じてきたほか、民生委員らを通じた実態調査や、ひきこもる人たちやその家族などが気軽に立ち寄れて安心できる「居場所」をつくったり、相談員と一緒に本人や家族をサポートする「ひきこもりサポーター養成講座」を開催したりするなど、それぞれのニーズに合わせた対応をしてきた。

そんな中で、同センターが最近、必要に迫られて立ち上げたのが「ひきこもり家族会」だ。センター開設から2019年1月末までに受けた相談者数は、延べ174人。相談の内訳は、本人や家族だけでなく、兄弟姉妹、親族、地域住民と多岐にわたる。そのうち、何らかの形で本人と相談できたのは58件。家族のみの相談は60件。家族にも会えず、関係機関への情報提供止まりになっているケースが56件あった。

ひきこもり支援員で社会福祉士、精神保健福祉士でもある佐々木恵《ささきめぐみ》さんによると、家族のみの相談を聞いていると家族が孤立してしまっていて、同じ境遇にある家族が話し合える場が欲しい、という声が何人かの家族から上がったという。

2018年度に入ると、家族たちの間で「家族会をつくろう」という気運が高まり、8月に発足したという。

とはいえ、これまで述べてきたように、家族はひきこもる子の存在を「家の恥」として隠す傾向が強く、なかなか外に悩みを発信することができないため、横につながれないことが多い。しかし同市では、市で活躍できる人対象の「ひきこもりサポーター養成講座」を受講していた家族たちの間で、「自分たちが変わらなければいけない」という意識に変わっていた点が大きな原動力になった。

「悩みを家族だけで抱え込んでいる他の人たちにも、家族会ができたことを知ってもらいたいと、メディアに出てもOKのご家族が率先して呼びかけて、設立記念式典でレモンの木の植樹を片岡聡一《かたおかそういち》市長と一緒に行いました。そんなメディアを通じた姿が発信力となって、ご相談がまた増えたんです」（佐々木さん）

キーワードは「地域を巻き込む」

家族会は、一軒家を借りて開所された居場所の「ほっとタッチ」で、基本的に毎月第3木曜日の午後1時から3時頃まで開かれている。

「最初は会議室で開かれていたのですが、一軒家を借りるようになって、リラックスできる雰囲気なのか、自分のご家族の話を打ち明けてくれるようになりました。『ご近所の人には言えないけど、家族会なら同じ境遇にある家族同士なので、ここで話して帰ると肩の荷が下りた感じがする』と話される80代の親御さんもいました」

また、「8050問題」への対応としては、「地域を巻き込む」ことも重要なキーワードの1つだ。

総社市は、社協の中に「ひきこもり支援センター」があるため、地域の行事などの情報にもコミットできて、それらの行事への参加者を募ることもできる。民生委員などの会議に出席し、地域でのお手伝いや体験できるような役割があるときは声をかけてほしいなどとお願いしてきた。

「地域には、まだまだ色々な資源が潜在しています。地域の方々にお声をかけて、ひきこもりという特性を理解していただき、参加させていただく機会をつくってもらっています。サポーターになっていただいた方も地域のあちこちにいますので、役割づくりにも協力してもらったり、孤立している家族に関する相談を受けたりしています」（佐々木さん）

専門相談員は、必要に応じて本人や家族への家庭訪問も行っている。たとえば「電気が止まっていて心配」との情報があれば、その家庭を訪問する。しかし、本人から「電気を必要としていない」と言われると、〝伝書鳩《でんしょばと》〟のように「すり合わせ」を求められることも少なくない。

グレーゾーン層にも居場所を

こうしたきめ細かな対応ができるのも、「ひきこもり支援」に特化した部署だからだ。

ただ、周囲が「何かしら障害があるのではないか」「制度を受けたほうがいいのではないか」と感じていても、本人自身が「障害ではないから」などと捉えている場合、専門職として関わる中で、佐々木さんには迷いがあるという。

「これからどういう選択肢があるのかを提案させていただき、本人の選択で就労した仕事が失敗したとしても、『別の方法でも頑張れるんだ』と気づいてもらえるよう、促していきます」

佐々木さんによると、「ひきこもり」と断定できない、どこにも該当しないグレーゾーンにいて、居場所を探している人が多いことも実感しているという。

「『ひきこもり支援センター』という看板を掲げた相談窓口ができたことでわかりやすくなり、来てもらいやすくなったことは強く感じます。『今まではどこに相談していいのかわからなかった』と、相談者の方々から何度も言われました。このセンターができたので、ひきこもり当事者からの相談も多くなったように感じます」

わかりやすさを伝えることは、相談につなげるための重要なキーワードだと言える。

現在の相談員は2人体制で、手一杯の状態だという。これから社会が「8050問題」に向き合うためには、こうした専門のスタッフを拡充していくことによって、相談につながれずにいる家族に対し、きめ細かなサービスが提供できるのではないか。

2019年8月26日には、第1回全国ひきこもり支援基礎自治体サミットを開催。自治体職員ら700人以上の参加者を集め、5市の市長が「すべての人々に寄り添い、支援に果敢に取り組む」という宣言文を採択した。

家族関係に変化をもたらした山口県宇部市の支援

山口県宇部《うべ》市の「ひきこもり地域支援ネットワーク」で家族をポジティブに支える取り組みが、「家族関係に変化を起こす」として注目されている。

市では2015年4月から「ひきこもり相談窓口」を開設した。そして、NPO法人がサポートする居場所を拠点に家族会、精神保健福祉センター、保健所と「地域支援ネットワーク」をつくり、個別相談や家族心理教育、アウトリーチ、居場所通所支援、就労支援「ひきこもり本人」の声の紹介なども行っている。

この「地域支援ネットワーク」のプログラムをサポートしているのは、山口大学大学院医学系研究科の山根《やまね》俊恵《としえ》教授（保健学）が主宰するNPO法人「ふらっとコミュニティ」。支援対象者もひきこもり家族だけでなく、「８０５０問題」などの複合的な孤立では、家族が相談に来られないことも多いため、ケアマネージャーなどの支援者からの相談もすべて受け付けているのが特徴だ。

これまでに同プログラムで相談を受けた家族の事例は、初年度から3年間に１００件近く。

山根教授によると、それ以前から家族会に5年間在籍し、親子関係に全く変化がなかった当時10代後半から40代までのひきこもり当事者のいる家族8人に、独自に開発した同プログラムで3年間対応した結果、全事例で部屋にこもりがちだった本人が外出できるようになり、ほとんど話せなかった親子の間でも日常会話ができるようになったという。また、食事も一緒にできるようになり、家事を手伝ったり、就労にまでつながったりする事例もあったという。

これまで見てきたように、実際には役所に相談したのに支援が途絶え、親子の世帯ごと地域で孤立して「助けてもらえなかった」ケースが多々ある。

「最近、高齢者からの相談が増えていますが、たらい回しにされてきた人たちも少なくありません。行政は〝連携を図っている〟と言っていますが、全国的にも連携が図られていないのが現実です」

山根教授は、そう語った。

ひきこもり当事者が教える「ひきこもり学」

支援者側だけではなく、当事者たちも居場所づくりに奮闘している。

何もないところから居場所を立ち上げ、維持していくのは並大抵のことではない。

しかし、地方の都市で、生きづらさを抱えた当事者たちが居場所をつくり、ひきこもり経験者を講師とする「ひきこもり学」と題する講演会を開いたところ、川崎市の児童らの殺傷など一連の事件の影響もあって、定員を超える67人が参加。会場は立ち見が出るほどの盛況ぶりだったという。

「社会には、居場所がない。皆、ひっそりと息をひそめて、自分を責めている」

2019年6月23日、大分市内でこのように「ひきこもり当事者が　ひきこもり体験から学んだこと」という趣旨の講座を企画したのは、自らも当事者である佐藤尚美《さとうなおみ》さんらがつくった「居場所～特性を生かす道～」。この日、実名で顔を出して講師を務めた桂木大《かつらぎだい》輝さん（24歳）も、主催者の1人だ。

企画したきっかけは、KHJ家族会が2018年、大分と宮崎の支部で開いた「つながる・かんがえる対話交流会」に、佐藤さんもファシリテーターとして参加したところ、「当事者の話を聞きたかった」という話を何度も聞いたからだという。

「たしかに地方では、ひきこもり当事者の話を聞く機会はなかなかない。そこで、当事者の中でも講師に合っていそうな桂木さんに声をかけたんですが、最初は『怖い』と断られました。でも、『ひきこもりながら自分を売っていく方法もあるよ』『居場所のみんなが全力で守るから』ってアドバイスして……。それでも、批判されるのでは？　と怖がっていました」（佐藤さん）

「居場所〜特性を生かす道〜」では、おしゃべり会を開催している。そこで佐藤さんは、桂木さんにもともと好きなコントの時間を割り当てた。すると、参加者たちが桂木さんのコントを評価。新聞記者から取材もされた。そのとき、本名を出すことを迫られ、悩んだあげく、「自分が広告塔になって、色々な傷ついてきた人たちが活動している私たちの居場所を知ってほしい」と決意したという。

場は、県の社会福祉協議会に協力してもらい、無料で借りることができた。また、ツイッターでたまたま知り合ったＩＴ企業、ゾディアックデザイン株式会社の社長から「おもしろいことをしている。お手伝いしましょうか」と声をかけられ、協賛金を出してもらえた。それでも講師への謝礼金が出なかったため、当日の寄付金で賄った。

チラシは、居場所のアーティスト部門の当事者たちが作成。講演会当日も、スタッフの多くが当事者だったため、がくがく震えながら進行したという。

障害や特性にこだわらない居場所づくり

「ひきこもり学」をネーミングした佐藤さんは、「桂木さんが、いつも哲学などの学問的なことを考えていたので、『ひきこもり』とはどういうことなのか、広く社会の人たちに学んでもらいたい」と思ったという。当事者たちが発案して普及した、当事者が講師になって自由に思いや知見を社会に伝える「ひきこもり大学」の思想に似ている。

当事者団体主催のイベントではあるが、参加者は一般の興味ある人や行政、当事者家族が多かった。最後まで立ち見して熱心に聞き入る議員の姿もあったという。

当日、会場からは「心に響きました」「勇気をもらいました」といった反応が多かったものの、一方で「甘えるな」という発言もあった。しかし、他の参加者には「知りたい」

「聞きたい」という切実な思いの当事者や家族が多く、「今は、そういう話ではないんだよ」と、会場内で「甘えるな」の発言者を諌《いさ》めるシーンもあったという。
「事件後、私のもとに来た相談者の中にも『孤立しているから、自分もそんなことをしてしまうのではないかと不安なんです』と悩んでいる人がいたので、『私たちとつながっている限りは絶対にないから。大丈夫』と伝えました」（佐藤さん）
　筆者のもとにも、孤立した人たちから「助けて」「怖い」「同じような仲間と出会いたい」といった相談は、今も続いている。同じ当事者仲間からの「大丈夫」の声がけは、きっと安心することだろう。
「私たちは、この居場所を1つの障害や特性にこだわらず、〝ひきこもり〟という大きなくくりの中に置きました。どうしたら前向きに生きていけるかをみんなで真剣に話し合って、大概は明るく終わっています」（佐藤さん）

支えてくれる人がいれば、いくらでも外に出られる

　今回、舞台を設定してもらい、顔を出して講師を務めることを決めた桂木さんは、「負けたくなかった」と話す。

桂木さんは高校2年のとき、ひきこもった。中学時代、友人がいなくて浮いていたとき、身体の大きな同級生とその取り巻きに目をつけられ、集団で暴力的ないじめに遭ったときの傷も、間接的に影響しているのではと振り返る。

「このまま外に出なかったら、学校やいじめた相手に負けてしまうという思いが今もずっとあった。ひきこもりになったら、ずっと部屋から出ないというイメージとは違う。周りの支えてくれる人たちや環境があれば、いくらでも外に立つことができる。あのときいじめた相手のように、イエスマンを置かなければ何もできない人が日本には多い。でも、自分は1人でも堂々と立てることを、身をもって証明したいという思いも強かったんです」

（桂木さん）

過去の職場での体験から、桂木さんは就労をあきらめ、今も仕事をしていない。両親のいる実家からは離れているものの、祖父の経営する旅館で生活しているため、ほとんど生活費はかからないという。ただ、今後は佐藤さんらと居場所での活動を拠点に、もともと好きだったコントの世界で生きていこうと修業中の身だ。

講師の謝礼金は会場からの寄付金で賄わざるを得ないものの、佐藤さんはこう話す。

「次回以降の公演で、大分市を離れて地方の街に行くと、参加者の数も少なくなり、募金も集まらないかもしれない。それでも活動を続けていく意味はあるかなって、みんなで話をしています」

働くことより「自分らしさ」を選んだ人生

当事者個人も、社会の目を気にすることなく、自分らしい生き方を実践している人たちがいる。

中でも、「就労」ではなく「自分に合った生き方」を模索している経験者の実践例が注目されている。

大阪府に住む児島一平《こじまいっぺい》さん（47歳）は、大手企業の会社員だった父親と専業主婦の母親の家庭で生まれ育った。小学4年のとき、ニュータウンに転居。周囲の価値観は、いい大学を出て、いい会社に入るのが当たり前のような成績重視の風潮だった。

児島さんも、中学3年までは勉強一筋で頑張って進学校に入学した。高校に入ると、さらに勉強量が増えて、「何のために、こんなに勉強するのか？」と考えるようになったのがきっかけで不登校になり、高校時代はほとんど学校に行かずにひきこもった。

ひきこもっていたときは、やることがないので、パソコンで遊んだ。その経験が活きて、一旦はIT系の企業に就職したが、営業現場での世間話やコミュニケーションができず、つらくなって無断欠勤の末、再びひきこもった。

その後、試行錯誤の末、大学に入学、会社にも就職したものの、34歳のときに勤めていた会社が倒産。児島さんは「チャレンジするしかない」と思って、レンタルボックス事業の店を出した。3年後、リーマン・ショックで売り上げが低迷。2011年の東日本大震災で、一気に不景気に見舞われた。

児島さんは、社会に対して特に期待はしていなかった。今になって、「当時はそう社会に思わされていたのかもしれない」と振り返る。

人生を何度も立て直し、リサイクル品のネット販売を始めた。しかし、何のために働いているのか、わからなくなった。自分が一生懸命築き上げたものは、リーマン・ショックなどでひっくり返される。経済を追いかければ追いかけるほど、振り回される。

「本当は何をやりたかったのか？」「本当に自分はそう思っているのか？」そんな禅問答のような自分とのやりとりを始めた。

2013年、河内長野《かわちながの》市にNPO法人「みんなの未来かいたく団」を立ち上げた。耕作放棄地や農作物づくりを通じて、人を再生していこうというのが趣旨だ。

「行き過ぎた経済主義に振り回されずに、経済と共存して豊かな生活のできるコミュニティをつくりたい」

児島さんは、耕作放棄地や古民家などを持て余していて、活用してほしいと考える地主が多くいることを知った。

「住居をタダで借りられて、農作物で食が担保されれば、収入が少なくても生活できる。エネルギーも太陽光で賄えれば、医療や教育などの支出だけで済む。ただ、現実に、田舎での生活は寂しいし、豊かでないと意味がない」

そこで児島さんは、腹をくくってネット販売以外の全ての事業を整理し、都会から30分ほどの所にある同市にコミュニティをつくろうと、2018年4月、同市の賃貸住宅に転居。ワークキャンプなどの活動拠点となる古民家も無料で借りた。

「地主さんは、古くなるから空き家を使ってほしいと思いつつも、貸すことに抵抗がある。公募だと目につくので、行政がもう少し間に入って、つながりをつくってくれるプラットフォームができれば、もっと進むと思う」

今後、「月収10万円で豊かな生活ができるコミュニティ」の仕組みをつくり出し、次世代のライフスタイルのモデルとして実践していきたいと言っていたが、地域の休眠資源を生かしたエコビレッジを作るためのクラウドファンディングを実施。2019年9月末から事業をスタートさせた。

「勤労の義務」がひきこもりを生み出す

同じく大阪府に住む鈴見《すずみ》咲君高《ざききみたか》さん（44歳）も、高校時代まではほぼ無遅刻無欠席で、先生の言うことを聞き、おおむねすべての教科で成績が良かった。頑張って学校に通い続けた反動で、大学に入学後は燃え尽きたように通学できなくなり、ひきこもった。

「学校時代、忘れ物をよくするとか、いじめとかの問題があったのに、〝学校の〟勉強さえできれば大丈夫と言う周囲の大人を信じるしかなかった。ほかの選択肢を知らなかったんですね」

鈴見咲さんは、そのまま大学を中退し、約16年にわたってひきこもり状態が続いた。

「大学やめさせてくれ」は、初めて自分の人生への意思を表示できた瞬間だった。

「大学では研究室配属まで行ったけど、さんざん自分を殺してきたのに、〝なんで、そんなに自主性がないの？〟と研究室で言われ、右にも左にも行けなくなった。何がやりたいのか考えることすら許されない状況に、長いことといたんです」

ひきこもっていたときは、親や先生を恨んだ。サポートしてくれるところは、どこにもなかった。

「支援機関に行こうと思えなかったのは、当時、ひきこもりを障害者扱い、異常者扱いしていたからです」

そんな中、パソコンのキーボード文字の並び方を変えれば、もっと早く入力できることに気づき、個人別で考えるべきだと主張。個人別で文字配列できるソフトウエアを開発し、販売した。ところが鈴見咲さんは、「ひきこもりであるが故に」営業展開できなかった。

「当時は、ネットの中でも、ひきこもりですとは言えなかったですね。ローマ字入力に不満を持っている人の集まりにも行けないし、アイデア出しや広めてくれるところまで行けなかった」

鈴見咲さん自身は、このソフトウエアをWindows10で動かし、今も使っている。ただ、Windowsをタブレットとして使っているときには動かす方法がないという。

現在は2日に1回、夜中にスーパーで清掃のアルバイトを続けている。1回4時間制なので、正社員の4分の1くらいの勤務時間で済み、自分に適した働き方が守られる。鈴見咲さんは、そもそも「勤労の義務が定義できない」として、疑問を投げかける。

「いくら稼げばいいのか？　稼げなくても働いていればクリアされるのか？　定義できなければ、使う側が恣意的に解釈できてしまう。だとしたら、勤労の義務はあってはいけないものなのではないか？」

勤労の義務がなければ、たとえば趣味の集まりに出かけていっても、「次に何をすべきか模索中です」という自分の紹介がもっと楽に言える。でも、働いていないのは悪いことだとなると、趣味の場にも出て行けないし、相談にも行きづらくなる。就労がメインの目的でなければ、相談相手と話も合わない。だから、「勤労の義務がひきこもりを生み出す」と鈴見咲さんは言う。

「いつまで自分が生きているかわからない。だったら世の中を良くする方向で、自分の好きなことをやって、早かれ遅かれ死んだときに、できることはしたと自分で思えるような生き方であれば、それでいいのではないか」（鈴見咲さん）

「居場所」と「働く場」のあいだを埋めるもの

当事者の「就労」への思いは、100人いれば100通りあるといっていいだろう。前述した児島さんのように就労をめざさずに、自分が生きていけるぶんだけ何らかの手段で稼いで無理のない生き方をしたい人もいれば、鈴見咲さんのように、2日に1回、4時間で自分のペースで働きたい人もいる。中には「働きたい」「自立したい」と考える人も多いのだが、いきなり即戦力を求められる職場環境のためになかなか就労できず、長期の孤立無業状態に陥る人たちが少なくない。

そうやって自宅にいると「なんで働かないんだ！」と周囲から責められて、追い詰められている人たちもいる。

「働く」とは、どういうことなのか。本人の意向を無視して「働く＝就労」に放り込まれるだけだと、結局、我慢を強いられることも多い。

労働現場で傷つけられ、またひきこもっては充電し、再び就労させられる日々の繰り返し。そのスキームだけでは、仕事は断続的にできるようになるかもしれないものの、年をとっていくと経済的なリスクが高くなる。

「自分のキャリアや経験を積み重ね、好きなことの延長線上で手に職のようなものを付けられるようになれば、そうしたリスクを回避できる可能性があるのではないか」

そう説明するのは、一般社団法人コンパス（埼玉県）を2014年に立ち上げ、現在は小売業界で働く柳井《やない》久弥《ひさや》さんだ。

柳井さんは、学生時代に生きづらさを感じ、福祉的なことに関心を持つようになった。その経験をベースに、コンパスの活動を通じ、当事者の中に眠っている可能性を見出して、中間的就労の場の構築をめざしている。

単なる「居場所」から「仕事おこしの場」へ

柳井さんは大学院卒業後、ＩＴ系の会社で正社員としてシステム開発に従事する一方で、不登校や高校中退者向けの学習支援（高卒認定試験対策）を約８年続けた。試験対策ガイドブックで運営するホームページを紹介されたり、インタビュー記事が掲載されたりすることもあった。

しかし、長引く不況の影響や激務で精神的に追い込まれることもあり、２０１３年頃には完全に失業状態になり、実家に戻った。

翌年、一般社団法人を設立したが、軌道に乗るまでは生計を立てるために何か仕事をする必要があった。そこでＩＴのキャリアを活かし、現在の小売り系企業に入った。ところが、配属先は、面接時に約束されたシステム部ではなく、重作業の現場だった。

現場には、ひきこもり経験者や、パニック障害と思われる人たちがいて、生産性が要求される業務についていけず辞めていく光景を何度も見てきた。現場の作業員は、常にノルマに追われ、その結果として言葉が荒くなる傾向があると感じている。

ある日、職場では、自分のミスではないのに、複数の管理者から咎められ、暴言とも受け止められるパワハラを経験した。コンピュータの履歴などから自分のミスではないことを説明したものの、一言謝られただけで済まされてしまった。

柳井さんはこうした経験をもとに、2018年に新たに「協働連絡会」を立ち上げた。「協働連絡会」は、社会問題の解決を第一の目標とする社会的企業（起業）を通じて、当事者の中に眠っている「仕事の種」を探し、地域のコミュニティカフェをベースにした中間的就労の構築をめざしている。コンセプトは「就労支援から協働支援へ」だ。

連絡会は、埼玉県内にある起業支援を目的に運営するシェアオフィスを月1万円で借り、すでに学童保育施設でのプログラミング講座や障害者の就労移行支援施設での技術指導などの仕事の発注も受けてきた。

柳井さんが見据える先にあるものは、単なる「居場所」にとどまらない。ひきこもり状態に置かれた人などの生きづらさを抱えた人たちが、地域のつながりの中で仕事を自分たちでつくっていくプラットフォームであり、いわば「仕事おこし」の場だ。

「生産効率という評価軸とは別の評価軸をつくれれば、様々な人が働きやすい職場ができるのではないかと考えるようになりました。たとえば、作業効率が悪くても、子どもの相手ができるという評価軸をつくれば、子ども向けのワークショップ講座のアシスタントは見込みがあると思うんです」

小売り系企業での就労経験から、柳井さんはそう考えるようになった。

これまで述べてきた通り、「ひきこもり支援」と言うと、「就労＝ゴール」という考え方で行われることが多く、ひきこもり経験があったり、社会に戻れなくなったりしている当事者たちの間からは、「就労とは別の生き方があってもいいのではないか」「そもそもゴールが設定されること自体、おかしいのでは」といった批判が挙がっていた。

「中間的就労」の機会をつくる

柳井さんは、第3章で紹介した佐藤惠子さんが理事長を務める東京・中央区の日本橋にある就労移行支援事業所「コンフィデンス日本橋」で、ビジュアルプログラミングを講義。利用者たちに、プログラミングの全体像を知ってもらうため、ドローンやラジコン、自作のゲームを通じて、その仕組みを体験してもらい、勉強してもらっている。

柳井さんは2018年4月から、事業所の講座を毎月1回、担当している。筆者が訪ねた日は、3回目の講座だった。

社会的企業（起業）として、どうやって仕事をつくりだしていくか。そのことを常々考えてきた柳井さんは、地元の埼玉県鳩山町《はとやままち》のコミュニティカフェの展示会に参加。そこで、ロボットや自作のゲーム体験コーナーを設け、地域の制作担当者らに興味を持ってもらったことにより、そのつながりで同事業所の佐藤理事長から声をかけられた。

就労移行支援事業所の対象者は、基本的には就労や自立をめざしたい人たち。障害者手帳を持っていなくても利用できる。柳井さんは「今はプログラミングが話題になっている。プログラミングとはどういうものか知ってもらうような企画で楽しんでもらう、レクのような内容にした」という。

さらに、柳井さんは、講座の報酬の中から、講座のアシスタントをしてくれる当事者には1時間1000円程度を支払うことを考えた。さらに、アシスタントを通して、一緒に仕事をしてくれる当事者を見つけていくことにより、「当事者たちの中間的就労の機会につながるようにしていきたい」というのがポイントだ。

こうしたコンピュータによるレクは、高齢者にも向いているので、福祉施設からのオファーも受けたいと考えている。

この日は、神崎正弘《かんざきまさひろ》さん（41歳）がアシスタントとして講座を受け持った。

神崎さんも、過去に２年間のひきこもり経験がある。学生時代、コンピュータグラフィックの学校に通い、ＩＴ系の知識を身につけてきた。しかし、現在も仕事には就いていない。

外に出られるようになっても、通勤生活には障壁があった。今年度、講座を手伝おうと思った理由について、神崎さんは「いきなり就労するのはきついけど、協働という形ならうまくいくのではないか、身体をならしていくのがいちばんかなと思い、参加しました」と話す。

「アシスタントとして、つまずいている人がいたら手助けできる。生活訓練事業所でプログラムに参加するよりも、こういう協働活動という形のほうが満足感は高い」（神崎さん）

この日の参加者からは、「杓子定規《しゃくしじょうぎ》のプログラミングではなく、伝え方が受け入れやすいように工夫されている」という感想も聞かれた。

柳井さんたちは、そんな緩く気軽に参加できて試すことができるチャレンジの場をつくっている。

今後、こうして講座を請け負うことのほかに、コンフィデンス日本橋の協力を得ながら場所を借りたり、地域のコミュニティカフェを活用したりして、自分らで講座を企画することを目標にしている。

チャレンジできる場を提供したい

「協働連絡会」では、ひきこもる気持ちに理解があり、地域に開放されている全国のコミュニティカフェを使って、ワークショップの展開を企画している。

長年ひきこもってきた人が、いきなり就労の現場に放り込まれると、無言の圧力で周りに相談できない。過去の経験から、人間関係に恐怖を感じて動けなくなることもある。周囲から「わからなかったら聞きなさい」と言われる。でも、どこのタイミングで聞けばいいのかわからない。そうしていると、「意欲がないのか」と思われてしまう。

就労しても、続けていくのが難しい。それがまた個人の責任にされる。本当は受け入れる側の態勢の問題もある。見えないパワハラもある。だから、自分たちが協働できるように仕組みをつくっていけば、そうした問題も解消できる。

「会社全体としては、仕事を通して、みんなで良い社会をつくろうというのがあるけど、現場になるほどノルマがあって、障害があるとわかっていても、口調が強くなるケースもある。ノルマをこなさないと評価に関わり、だんだん行きづらくなって離れてしまう」

そう現実を説明する柳井さんは今後、「家族会で就労をつくり、何かやりたいと思ったときに、チャレンジできる場を提供したい」という。

「協働連絡会では、対話によってアイデアを出し合い、メニューをつくって、全国の家族会に提案していきたい」

支える側と支えられる側が循環できる社会に

このように、それぞれの地域では、思いを持った個人が、答えのない世界の中でつながりをつくろうと手探りで関わりを続けてきた。

その一方で、これまで話してきたように、国の「ひきこもり支援」の施策は従来、「経済的損失」、あるいは「生産性」などといった観点から、成果を目的にする「就労支援」中心の枠組みだった。元々、就労現場で傷つけられたり、トラウマになるような恐怖体験をしてきたりして、命の危機を回避し、安全・安心な居場所である自宅などにひきこもらざるを得なかった人たちにとっては、そうした就労の成果を求めることが目的の支援の制度がなじまなかった。その結果、支援の制度から取りこぼされた多くの人たちが、社会から遮断されて生きる希望をなくし、「８０５０問題」の要因にもなったといえる。

しかし、時代の状況は大きく変わった。

生活困窮者自立支援法が２０１５年度から施行され、国の「ひきこもり支援」は、厚労省社会・援護局が理念に掲げる「地域共生社会」の中に位置づけられた。相談窓口などの拠点となる「ひきこもり地域支援センター」も、全都道府県と県庁所在都市、政令指定都市に設置され、当事者団体である家族会などと地域でネットワークを作って連携していくこともうたわれた。２０１８年４月には社会福祉法も改正され、「社会的な孤立状況に置かれた人たちの課題を見つけ、その人の状況に応じた適切なところにつなげられる」ような地域づくりを市町村に努力義務で課した。

「地域共生社会」の理念について、当時の厚労省担当者は「ひきこもり当事者や高齢者が一方的に支えられるだけの関係でなく、支える側に回れるような社会を作る」ことだと筆者の取材に答えている。また、２０１９年３月にＫＨＪ家族会が調査報告した「８０５０問題シンポジウム」でも、それは「支える側と支えられる側の関係性や資源が循環できる社会」だなどと説明された。

また、「社会につながるきっかけとなる居場所への財政的な援助」を訴えてきた家族会などの要望を受け、厚労省は2018年度から「ひきこもりサポート事業」という名称で、支援拠点づくりや情報施策のプラットフォーム構築、家族会や当事者グループなどと連携した居場所づくりなどへの支援も拡充。市町村が手を挙げれば上限300万円まで2分の1を自治体に補助する「居場所支援」を初めてスタートさせた。

この居場所支援については、残念なことにまだあまり知られていないようだ。制度を活用している自治体は、2019年8月現在、全国でも100カ所に満たない。ただ、あの日経新聞も、2018年8月17日に〈変わるひきこもり支援　就労から居場所づくりへ〉という見出しを立てて報じるなど、少しずつだが、世の中の空気は変わりつつある。

「経済的損失」でも「生産性」でもない。命を張ってまで就労しなくても、生きていれば、誰かに支えてもらうことも、誰かを支えることもある。「何もしなくてもいいから、ただ生きていてほしい」「生きている」ことなのだと、社会参加していることと自体が、我々はずっと訴えてきたけれど、そんなメッセージが社会の側からもようやく発信されるようになったのだ。

当事者団体と厚労大臣が初の意見交換会

こうして、外形的には国の制度が整備されてきた。ただ、重要なのは、支援スタッフの資質やそれぞれの方向性に合ったメニュー、連携する社会資源などの中味だ。

川崎市などで起きた一連の事件後の2019年6月14日、厚労省社会・援護局は各都道府県・指定都市のひきこもり支援担当部（局）長や、各自治体の生活困窮者自立支援制度主管部（局）長あてに、ひきこもり状態にある人たちや家族から相談があった際、本人たちの特性を踏まえた相談支援にあたっての基本的姿勢や留意事項を示し、それぞれに丁寧な対応を徹底するよう通知した。

この通知は、せっかく勇気を出してひきこもる本人や家族が支援の相談にたどりついても、窓口の相談員に「親の育て方が悪い」「どうしてここまで放置していたの？」と責められて「相談するのが怖い」と行き場を失ったり、「ひきこもりのことはわからないから」とたらい回しにされたりするなど、支援する側に対する苦情が多いことが背景にある。窓口にいる人のコミュニケーション自体が相談を遠ざけている現実は、ＫＨＪ家族会が調査研究を行った８０５０問題シンポジウムでも報告された。

6月26日には、ＫＨＪ家族会が当時の根本厚労大臣に呼ばれ、意見交換会が行われた。

筆者も家族会の理事として出席した。「ひきこもり」というテーマで、それぞれの当事者団体が厚労大臣に呼ばれるのも、初めての出来事だったであろう。そして、我々に向かって「従来の就労ありきの支援は、ひきこもり支援になじまず、ひとりひとりに寄り添った多様な選択肢が必要、それぞれの生き方で幸せになってほしい」と声をかけるなど、表層的ではなく物事の本質をよく理解している人だという印象を受けた。

意見交換後、根本厚労大臣はメディアを部屋に入れ、次のようなメッセージを出した。

「誰にとっても、安心して過ごせる場所や、自らの役割を感じられる機会があることが、生きていくための基盤になります」

「生きづらさを抱えている方々をしっかりと受けとめる社会をつくっていかなければならない」

「ひきこもりの状態にある方やそのご家族の声も聞きながら施策を進めていきます」

これらのメッセージからは、主に支援団体系の専門家だけに委ねられてきた「ひきこもり施策」の構築に、これからは「ひきこもる本人や家族の声も聞いて反映させていきたい」という強い意思を感じた。そして、当事者たちが長い闘いの歴史を経て権利を勝ち取ってきた精神疾患や障害の世界に比べ、まだ歴史の新しい概念の「ひきこもり」界にとって、1つのエポックメーキングな瞬間に立ち会えたような気がして、感慨深いものがあった。

予算1344億円の大規模事業に

第6章の前半で触れたように、政府はすでに「2040年を展望した社会保障・働き方改革本部」において、「就職氷河期世代活躍支援プラン」を2019年5月29日に取りまとめていたが、実は「ひきこもり（8050等の複合課題）支援」も、その中の支援対象に「社会とのつながりをつくり、社会参加に向けたより丁寧な支援を必要とする方（ひきこもりの方など）」として組み込まれた。

このプランは元々、非正規や長期無業者といった就職氷河期世代の活躍の場を広げるため、政府が取りまとめることにしていた3年間の集中支援プログラムの一環として盛り込まれた。6月に閣議決定された「経済財政運営と改革の基本方針2019」（骨太方針2019）にのっとり、取りまとめられたもので、7月31日には、内閣官房に「就職氷河期世代支援推進室」も設置された。「就職氷河期支援施策」として、プログラム関連予算は2020年度概算要求1344億円という国を挙げて予算や人を投入しようという大規模な事業だ。

この取り組みについては、8月30日、厚労省の政策統括室からプレス発表されたものの、なぜかメディアではあまり報じられていない。

9月16日には、内閣官房の就職氷河期世代支援推進室から内閣府政策統括官の多田明弘室長代理、厚労省の定塚由美子人材開発統括官、社会・援護局の谷内繁局長、政策統括官の山田雅彦政策立案統括審議官、職業安定局の宮本悦子総務課長ら10人余りが、KHJ家族会の東東京支部として居場所を運営するNPO法人「楽の会リーラ」とKHJ家族会本部を視察。その後、一行は家族会側と意見交換会を行い、多田室長代理が「一人ひとりの当事者や家族の問題ではなく、社会の問題だ。今からでもやれることはやっていきたい」と決意を述べた。

安心して相談につなげられる受け皿を

プランの全体像は、都道府県と地域ごとにプラットフォーム（情報と人の集積所）をつくることで、非正規・無業状態の人には「就職・正社員化の実現」と「短時間労働者等への社会保険の適用拡大」、ひきこもり者等の丁寧な支援を必要とする人には「多様な社会参加の実現」を目指そうという趣旨だ。

就職氷河期を中心とする非正規などへの支援の必要性は、一旦レールから外れると、何社受けても採用されず、なかなか社会に戻れなくなるという当事者たちの悲鳴を聞き、筆者もずっと訴えてきたことだった。ワンストップ窓口の設置やアウトリーチ型支援、地域でプラットフォームをつくるという考え方も、ひきこもり支援の方向性に合致していて、いいことだと思う。

とはいえ、実態調査の数字や家族会や筆者の元に来る声は、ごく一部の見える声であって、水面下には姿の見えない孤立者たちの声なき声が数多くある。そういう孤立した本人や家族に、どうやって情報を届けていくかが最優先の課題だ。繰り返しになるが、そういう観点からみると、「ひきこもり支援」には就労という成果を求める支援はなじまない。多くの当事者たちは、人と会うのが苦手だからだ。周囲の目線が怖くて、家からも出られない。寝たきり状態の人もいる。「自分は障害ではない」と障害認定を受けたがらないのも、ひきこもり状態の人に多くみられる特徴であり、親も「うちの子は障害ではない」と否定する。障害でなく、65歳以上でもないからと、制度にも乗せられない。そういう状態で孤立していることを考えると、安心して相談につなげるための受け皿をどうつくっていくかは、喫緊の課題といえる。

「何もしなくてもいい」居場所づくり

プランの考え方は大事だが、問題は中味だ。都道府県レベルのプラットフォームに「労働局、経済団体等」としか記されていないのは気になる。自分たちが傷つけられてきた「就労」のイメージ、トラウマが蘇る可能性がある。プラットフォームには、取りこぼしが起きないよう、まず「家族会」を最初に明記してほしいと要望した。

「ワンストップ型窓口」や「アウトリーチ型支援」に、「サポステの専門支援体制を拡充」と明記されているのも引っかかった。相談窓口やアウトリーチは、社会が安心できずに撤退していた当事者たちへのファーストコンタクトになる場合が多い。就労支援の発想で接してしまうと、また取りこぼしの起こることが危惧される。人手不足だからと、ネットの求人広告を見て採用されただけですぐ現場に配置し、やっとたどり着いた当事者に、営業経験のノリで精神論、根性論をふりかざされては困るのだ。

就労を望む人には、就労支援のメニューが必要だ。しかし、ひきこもり支援の相談の入り口も含まれるのであれば、就労ではなく福祉の視点で「ひきこもる本人や家族の気持ちを分かち合える」スタッフを育成し、予算拡充して現場に配置してほしいと話した。

また、ある地域の当事者たちがつくりだす居場所では、集まっていた利用者たちは「何もないのがいい」「何もさせられないのがいい」と来た理由を話していた。筆者は、孤立からつながる最初の第一歩としては、「何もしなくてもいい」というイメージが重要なきっかけになるという現実も紹介した。

それに対し、政府側からは「何かをさせられるのであれば、そこには行けないという話が響いた」「ひきこもり支援は、就職氷河期と違って就職者の数値では考えていない」「何かをさせられるイメージではない形で、届かない所にどう情報を届けていけばいいのか、これからアイデアを頂きたい」などの話があった。

社会全体で考える

「8050問題」は、内閣府の40歳以上の実態調査と、皮肉なことに一連の事件によって、大きくクローズアップされた。社会から姿を隠してきた本人や家族は、全国に数多くいる。しかし、そのすべての孤立家族が支援を求めているわけでなく、支障なく日常の生活を送っているケースも少なくない。支援者が成果を焦るあまり、8050家族を見つけ出して、本人の意思を丁寧に聞くことなく支援を押し付ける〝ひきこもり狩り〟のような状況になることは本末転倒であり、絶対に避けなければならない。

一方で、姿を隠し、本当は困りごとを抱えているのに「助けて」と言えない本人や家族に、「何かをさせられる」イメージではない形で、どうアプローチすれば動いてもらえるのか。専門家だけでも支援者だけでも当事者だけでもなく、皆で一緒にアイデアを出し合って、考えていくしかない。

おわりに

筆者の元には以前から、自治体などの支援現場から「ひきこもり」というテーマの講演依頼は数多く寄せられていたが、この2～3年くらい前から、「8050問題」に関するものがぐっと増えた。

とくに、この傾向は、地方から始まった感じがする。「8050問題」は、それだけ地方都市のほうが小さなコミュニティで顔の見える関係なだけに顕在化しやすく、支援する側も連携し、深刻な課題として向き合ってきていた。

それが2018年に入る頃から、「8050問題」を巡るテーマ依頼は、都市部の自治体にも波及していく。高齢者の介護などの相談サービスをしている各自治体の「地域包括支援センター」からも、「ひきこもりという状態や特性について勉強したい」と言われ、職員研修に呼ばれる機会が増えた。規模の大きな都市部の地域包括支援センターの職員向け研修会では、主催した部署が受講者にアンケートしたところ、自分の担当しているエリアに「8050家族」がいて、その数も「1人」とかではなく、「5人」、「10人」、中には

「50人」と答えた担当者もいた。地域で支援を呼びかけても、なかなか相談につながりにくかった姿の見えない８０５０家族の存在も、介護保険法を根拠に高齢の親の介護などで家庭に入る職員の間では、とっくに把握されていたのである。

制度のはざまにあっても、縦割りではなく、情報を共有して一緒に対応することができていれば、制度を使い倒して違った展開になっていたかもしれない。そのままの状態でいいから、「まず生きていこう」というサポートができていれば、本人も家族も生活の不安を取り除くことができて、もっと幸せに生きることができたかもしれない。

「ひきこもり」というと、「社会に適応できなければ、一生働くことはできないよ」と、上から目線で〝ダメレッテル〟を貼られる光景を見てきた。身体が機能しなくなっている人に対する支援であれば、身体が機能しなくなっても適応させるのが支援であり、支障があるのは個人の責任だと言っているようなものだ。

親は「いつまでこんなことやっているんだ！」と、ひきこもる子を責める。子は「うちの親はわかっていない」と嘆く。「自立してほしい」と望む親の意向だけで支援に入ってしまうと、おそらく子のほとんどが思い通りには動かない。そんな親子関係を見ると、まずは親への支援の必要性を感じる。

本文でも紹介したように、横浜市の8050家族の死体遺棄事件を見て思うのは、母親が生前、一生懸命に相談していた長男の障害年金が受給できていたら……。申請から半年以上のブランクを空けられた結果、「支援はもう嫌だ」と途絶することもなかったかもしれない。長男の将来を心配していた高齢の母親にとって、障害年金は唯一の希望だったのだろうと思う。

母親の死後、兄への支援が途絶していたことを知った妹は、納得できずに開示請求し、途絶する前にケースワーカーが2回も異動していたことを知った。つながりがあれば、母親の命も救えたかもしれない。しかし、どのようなやりとりで支援が途絶したのかについては「母親の個人情報だから」との理由で開示されなかった。

川崎市の通り魔殺傷事件も、市が容疑者の犯行に至るまでの詳細な関わりを公表しない点で同様だ。いずれのケースも、2度と悲劇を起こさないための教訓につながらず、全国の現場に共有されていかない。

僕らの感覚としては、命が奪われなければ、世の中は変わらないと思っていた。しかし、命が奪われても、何も変わらない社会なのではないか。「こんな社会でいいのか?」と、僕らは問いかけられているのではないか。

前出の妹は、朝日新聞2019年9月29日付の朝刊で、こうコメントしている。「若いころは『こんなお兄ちゃんがいたら結婚できない』とうとましく思ったことさえあった。でも、いまはただ、兄が望むように生きていてほしい」

本書を出すにあたって、筆者にお付き合いいただき、取材等にご協力いただいたすべての人に、感謝いたします。

また、本書のベースとなった『ダイヤモンド・オンライン』の連載、「『引きこもり』するオトナたち」を10年にもわたり支えていただいているダイヤモンド社の方にも感謝いたします。

2019年9月　池上正樹

初出一覧（タイトルは変更しています）

第1章　「8050問題」の背景

82歳母親と52歳娘が飢えと寒さで死亡―『ダイヤモンド・オンライン』2018年3月8日配信

「ひきこもり状態」の40歳～64歳が推計61万人
―『ダイヤモンド・オンライン』2019年4月5日配信

第2章　歪められた「8050問題」

怯える当事者たちの相談が殺到―『新聞研究会』2019年7月号

「不寛容な社会」が外に出る機会を遠ざける―『ダイヤモンド・オンライン』2019年6月13日配信

コラム①　街の喫茶店が「地域共生」の中心地になった理由
―『ダイヤモンド・オンライン』2019年2月21日配信

第3章　親が死んだら、どうするのか？

親の死体遺棄事件が続発―『サンデー毎日』2019年3月10日号

親の死後、1000万円の貯金があっても危機的状況に
―『ダイヤモンド・オンライン』2017年11月16日配信

コラム②　ラブホで主任に出世した元「ひきこもり」
―『ダイヤモンド・オンライン』2019年1月24日配信

第4章　子どもを隠す親たち

〝生きること〟最優先の社会へ―『共同通信』2018年4月配信

コラム③「高齢ひきこもり」が女性に求婚された理由
―『ダイヤモンド・オンライン』2018年8月9日配信

第5章　支援は家族を救えるのか

10年前に窓口があったら……―『潮』2019年7月号

無理やり引き出す「暴力的支援」―『KHJジャーナルたびだち』2019年8月発行91号

コラム④　息子を想う母が始めた「ひきこもりコミュニティラジオ」
―『ダイヤモンド・オンライン』2019年5月16日配信

第6章　生きているだけでいい居場所をつくる

「働きたいけど働けない人」をサポートする仕組み
―『ダイヤモンド・オンライン』2018年5月31日配信

〝先進自治体〟が設置した専門支援―『ダイヤモンド・オンライン』2019年3月7日配信

家族関係に変化をもたらした山口県宇部市の支援
――『ダイヤモンド・オンライン』2018年12月13日配信
ひきこもり当事者が教える「ひきこもり学」
――『ダイヤモンド・オンライン』2019年7月11日配信
働くことより「自分らしさ」を選んだ人生――『ダイヤモンド・オンライン』2018年11月1日配信
「勤労の義務」がひきこもりを生み出す――『ダイヤモンド・オンライン』2018年11月1日配信
「居場所」と「働く場」のあいだを埋めるもの――『YAHOO！ニュース』2018年2月27日配信

＊本書に収録するにあたり、以上の初出原稿に修正、加筆しました。

参考資料

朝日新聞『通学路、砕かれた安全 容疑者50メートル襲撃、十数秒か 川崎・殺傷』（2019年5月29日付）
朝日新聞『「容疑者、同居家族と会話なし」 親族ら、市に14回相談 川崎・19人殺傷』（2019年5月30日付）
朝日新聞『自立促す手紙に反発か 親族、2度渡す 川崎・殺傷容疑者』（2019年6月28日付）
読売新聞『川崎19人殺傷 自宅から現場直行 容疑者 到着後すぐ襲撃か』（2019年5月29日付）
朝日新聞『川崎事件よぎり長男殺害か 子ども被害、危惧　容疑の元次官供述』（2019年6月3日付）
朝日新聞『「長男、事件6日前に暴力」 殺害容疑の元農水次官、供述』（2019年6月5日付）
毎日新聞『東京・練馬の殺人未遂：川崎事件の影響供述 長男殺害容疑の元次官「長男も危害」懸念』（2019年6月3日付）
読売新聞『長男の傷 数十か所 元次官「児童に危害 恐れた」』（2019年6月4日付）
朝日新聞『両親「知られたくなかった」 市に相談なし 寝屋川・33歳遺棄』（2017年12月27日付）
朝日新聞『監視カメラ、屋外に10台 監禁発覚警戒か 寝屋川遺棄』（2017年12月27日付）
朝日新聞『長男監禁容疑で父逮捕 上半身だけ服、檻に南京錠 兵庫県警』（2018年4月8日付）
朝日新聞『逮捕の父、市に相談 二十数年前に複数回 兵庫監禁』（2018年4月9日付）
毎日新聞『監禁：障害持つ長男、檻に20年 容疑で73歳父逮捕 兵庫県警』（2018年4月8日付）

河出新書 014

ルポ「8050《はちまるごーまる》問《もん》題《だい》」
高齢《こうれい》親子《おやこ》〝ひきこもり死《し》〟の現場《げんば》から

二〇一九年一一月二〇日　初版印刷
二〇一九年一一月三〇日　初版発行

著　者　池上正樹《いけがみまさき》
発行者　小野寺優
発行所　株式会社河出書房新社
〒一五一－〇〇五一　東京都渋谷区千駄ヶ谷二－三二－二
電話　〇三－三四〇四－一二〇一［営業］／〇三－三四〇四－八六一一［編集］
http://www.kawade.co.jp/
マーク　tupera tupera
装　幀　木庭貴信（オクターヴ）
印刷・製本　中央精版印刷株式会社

Printed in Japan　ISBN978-4-309-63115-8

「学校」をつくり直す

苫野一徳
Tomano Ittoku

「みんな一緒に」「みんなで同じことを」は、
もう終わり。
未来の社会をつくる子どもを育てる
学校が変わるために、私たちには何ができるだろうか。
数多の“現場”に携わる、
教育学者による渾身の提言!

ISBN978-4-309-63105-9

河出新書
005

歴史という教養

片山杜秀
Katayama Morihide

正解が見えない時代、
この国を滅ぼさないための
ほんとうの教養とは——?
ビジネスパーソンも、大学生も必読!
博覧強記の思想史家が説く、
これからの「温故知新」のすすめ。

ISBN978-4-309-63103-5

河出新書
003

進化の法則は北極のサメが知っていた

渡辺佑基
Watanabe Yuuki

2016年、北極の深海に生息する謎の巨大ザメ、
ニシオンデンザメが400年も生きることがわかり、
科学者たちの度肝を抜いた。
彼らはなぜ水温ゼロ度という過酷な環境で
生き延びてこられたのか?
気鋭の生物学者が「体温」を手がかりに、
生物の壮大なメカニズムに迫る!

ISBN978-4-309-63104-2

河出新書
004